首都高端智库

首都发展与战略研究院

RUC Capital Development and Governance Institute

U0665592

首都经济形势
分析报告

经历全球疫情冲击的北京经济2020

刘元春　张　杰　著

中国人民大学出版社

·北京·

图书在版编目（CIP）数据

首都经济形势分析报告：经历全球疫情冲击的北京
经济 . 2020/刘元春，张杰著 . -- 北京：中国人民大
学出版社，2020.12
 ISBN 978-7-300-29546-6

 Ⅰ. ①首… Ⅱ. ①刘… ②张… Ⅲ. ①区域经济发展
－研究报告－北京－2020　Ⅳ. ①F127.1

中国版本图书馆 CIP 数据核字（2021）第 126277 号

首都经济形势分析报告
——经历全球疫情冲击的北京经济 2020
刘元春　张　杰　著
Shoudu Jingji Xingshi Fenxi Baogao

出版发行	中国人民大学出版社			
社　　址	北京中关村大街 31 号		**邮政编码**	100080
电　　话	010 - 62511242（总编室）		010 - 62511770（质管部）	
	010 - 82501766（邮购部）		010 - 62514148（门市部）	
	010 - 62515195（发行公司）		010 - 62515275（盗版举报）	
网　　址	http://www.crup.com.cn			
经　　销	新华书店			
印　　刷	北京昌联印刷有限公司			
规　　格	170 mm×230 mm　16 开本		**版　　次**	2020 年 12 月第 1 版
印　　张	14 插页 1		**印　　次**	2020 年 12 月第 1 次印刷
字　　数	150 000		**定　　价**	56.00 元

目 录

北京宏观经济形势分析与预测

专题报告

北京宏观经济形势
分析与预测

2020 年第 1 季度报告

——处于复工复产关键过渡期的北京新经济

当前，在全球新冠疫情的冲击下，服务业主导型的首都北京经济遭受了较为突出的负面影响，为正在全面处于实施减量发展、创新引领发展和高质量发展阶段的北京经济带来了"危"和"机"。从 2020 年第 1 季度北京宏观经济形势分析和判断来看，北京经济增长动力韧性较强，新增长点动力强劲，政府应对冲击的各种政策举措及时得当，2020 年北京仍然有较大概率实现 3.5％～4.5％的 GDP 实际增速目标，尤其是在把握好"都"和"城"二者关系的基础上，充分调动和激发"城"在发展高精尖产业体系特别是高精尖制造业体系方面的独特引领作用，尽快制定和实施将高精尖制造业增加值占 GDP 的比重调整到 15％以上的重大发展战略。

一、 北京 2020 年第 1 季度的宏观经济形势分析

（1）北京 2020 年第 1 季度实际 GDP 增速同比下滑 6.6%（见表 1）。相比国家层面 6.8% 的下滑幅度，相比上海 6.7% 的下滑幅度，相比深圳

6.6%的下滑幅度，北京略显优势。但是，更要注意的基本事实是，与杭州 4.8%的下滑幅度、成都 3.0%的下滑幅度，甚至与南京 1.6%的上涨幅度相比，略显劣势。这说明，一方面，类似于深圳等出口导向型的城市（地区）受全球新冠疫情负面冲击更大，另一方面，这在一定程度上说明，首都北京的严防严控政策并未对经济带来额外的负面冲击。

表 1　中国主要城市 2020 年第 1 季度 GDP 及增速情况

	第 1 季度 GDP（亿元）	增速（%）
上海	7 856.62	−6.7
北京	7 462.20	−6.6
深圳	5 785.60	−6.6
广州	5 228.80	−6.8
重庆	4 987.66	−6.5
成都	3 845.57	−3.0
苏州	3 743.93	−8.3
杭州	3 379.00	−4.8
南京	3 247.41	1.6
天津	2 874.35	−9.5
青岛	2 504.87	−7.1
无锡	2 465.24	−5.0
宁波	2 463.80	−7.0
佛山	2 153.98	−7.9

（2）工业部门增加值降幅显著，但是 3 月降幅大幅收窄。抗疫相关制造领域呈现快速增长趋势。2020 年第 1 季度，北京规模以上工业增加值同比下降 14.7%，降幅比 1—2 月收窄 1.5 个百分点（见图 1）。相比全国层面 1 季度工业增加值 8.5%的降幅，下滑趋势较为突出，但

是，与上海 1 季度工业增加值 17.4％的降幅相比，降幅较小。

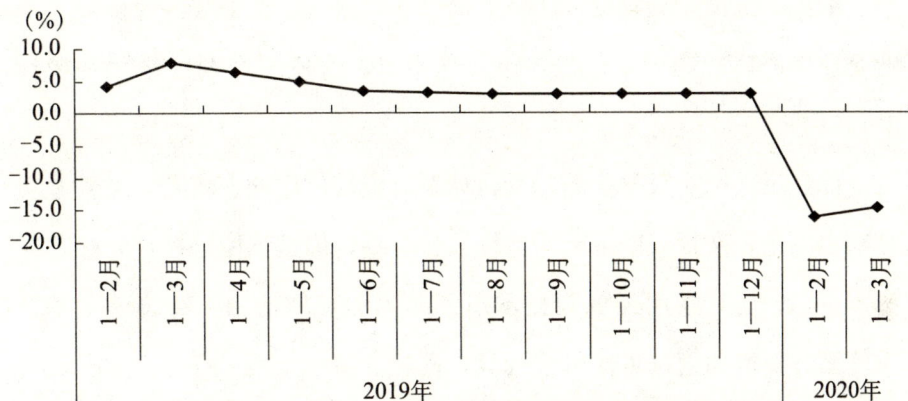

图1　2019 年以来北京规模以上工业增加值累计增速

首先，4 大支柱行业增加值增速呈现"1 升 3 降"现象，3 月支柱行业增加值增速均呈现好转态势。4 大支柱行业增加值增速在 3 月均比前 2 个月有所好转。其中，电子行业增长 5.9％，增速提高 0.9 个百分点，集成电路市场需求保持旺盛、部分重点企业推出新产品是主要支撑力量。电力行业下降 1.4％，降幅收窄 0.4 个百分点。医药行业下降 5.3％，降幅收窄 9.1 个百分点。内部各领域表现有所分化，化学药行业下降 9.6％，降幅收窄 12.1 个百分点。生物药行业增长 29.7％，增速提高 12.1 个百分点；中药行业下降 17.3％，降幅扩大 3.9 个百分点。汽车行业下降 30.2％，降幅收窄 4.8 个百分点，重点车企虽降幅较大，但相比 1—2 月均有不同程度收窄。

其次，高精尖产业复苏态势更为明显，后续恢复态势加快。1 季度，高技术制造业、战略性新兴产业增加值分别下降 4.2％和 10.4％。但是，1 季度的降幅比 1—2 月分别收窄 4.1 个和 4.4 个百分点，收窄幅度明显大于规模以上工业平均水平。

最后，抗疫相关物资及生活必需品生产加快。1 季度，规模以上工业企业生产口罩约 1.3 亿只，包装饮用水、合成洗涤剂产量分别增长 3.7％和 25.1％。

（3）第三产业服务业部门受全球新冠疫情负面冲击较大，服务业恢复动力不足，恢复周期可能会持续较长时期，但是整体可控，向好态势基本可期。而互联网经济则显示出了相当的发展活力。2020 年北京 1 季度服务业增加值按可比价格计算，同比下降 4.8％。同期，全国层面下降 5.2％，但是，更要注意的是，上海地区下降 2.7％，杭州地区下降 1.1％，深圳地区下降 1.8％。

首先，第三产业中行业分化明显。金融业、信息服务业、教育行业保持增长，但产业内部表现不一：优势行业表现出较强韧性，金融业、信息服务业分别增长 5.5％和 3.5％，发挥了主要支撑作用；教育行业增长 1.8％。其他行业受疫情影响较大，科技服务业因商务往来受限，专业技术服务业、科技推广和应用服务业收入均呈两位数下降；在商务服务业中，合计占比 1/4 的组织管理服务、咨询与调查收入下降 20％左右，会展业、旅行社及相关收入下降 40％以上；在文体娱乐业中，合计占比 7 成以上的广播电视电影和录音制作业、新闻出版业收入分别下降 48.3％和 15.9％。

其次，互联网经济呈现增长态势。全球新冠疫情暴发以来，"宅经济""云办公""线上教育"等需求旺盛。1—2 月互联网和相关服务业收入增长 9.6％，带动信息服务业保持增势；互联网广告企业收入增长

9.9％；拥有电子商务平台的规模以上教育业企业收入增长 58.2％。

（4）北京整体固定资产投资受冲击影响较大，但 3 月降幅呈现明显收窄态势（见图 2）。与此同时，高精尖产业领域的投资增速呈现出相对较好态势。1 季度，北京固定资产投资（不含农户）增速同比下降 7.1％，降幅比 1—2 月收窄 12.8 个百分点。对比来看，全国固定资产投资（不含农户）1 季度同比下降 16.1％，降幅比 1—2 月收窄 8.4 个百分点。而深圳固定资产投资同比下降 16.1％，比 1—2 月回升 6.8 个百分点；上海固定资产投资比去年同期下降 9.3％；杭州固定资产投资下降 6.0％，比 1—2 月收窄 5.5 个百分点。

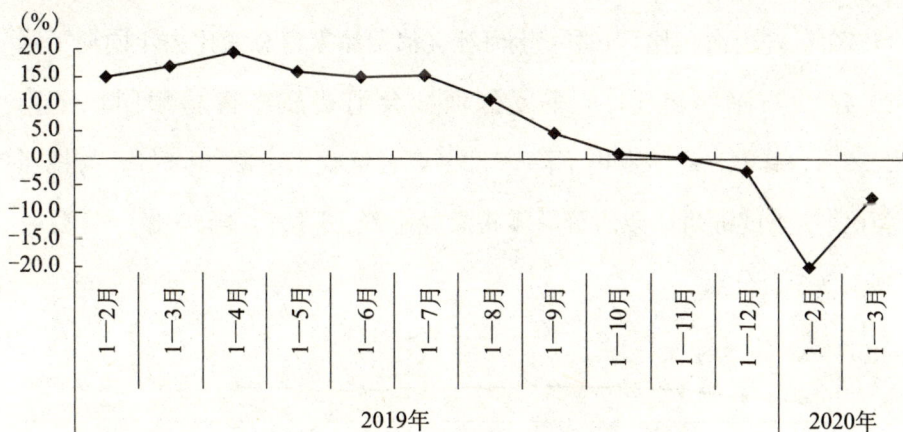

图 2　2019 年以来北京固定资产投资累计增速

首先，亮点在民间投资增长态势。分领域看，房地产开发投资下降 6.4％，降幅收窄 4.5 个百分点；基础设施投资下降 30.6％，降幅收窄 3.5 个百分点；民间投资增长 4.6％。

其次，高技术产业与抗疫相关投资呈现较快增长态势。2020 年 1 季度，高技术制造业、高技术服务业在电子、医药制造业固定资产投资方面同比分别增长 46.1％和 12.9％。化学原料及化学制品制造业因生产口罩原料，投资增长 1.4 倍。卫生行业投资在一批抗疫应急医院工程的带动下，增长 1.3 倍。

（5）北京市场消费在全球疫情冲击下呈现较大幅度下滑态势，特别是社会消费品零售总额受冲击更大（见图 3）。但是消费领域的新模式、新业态发展良好。1 季度，北京市场总消费同比下降 12.5％。商品性消费内部分化特征比较明显，具体来看，服务性消费额下降 4.2％，社会消费品零售总额下降 21.5％。与全国相比，1 季度全国社会消费品零售总额同比名义下降 19.0％。其中，除汽车以外的消费品零售总额下降 17.7％。与上海相比，1 季度上海社会消费品零售总额比去年同期下降 20.4％。与深圳相比，1 季度深圳社会消费品零售总额同比下降 22.9％，其中，商品零售下降 21.9％，餐饮收入下降 30.8％。与杭州相比，1 季度杭州社会消费品零售总额下降 16.0％，降幅比 1—2 月收窄 1.9 个百分点。

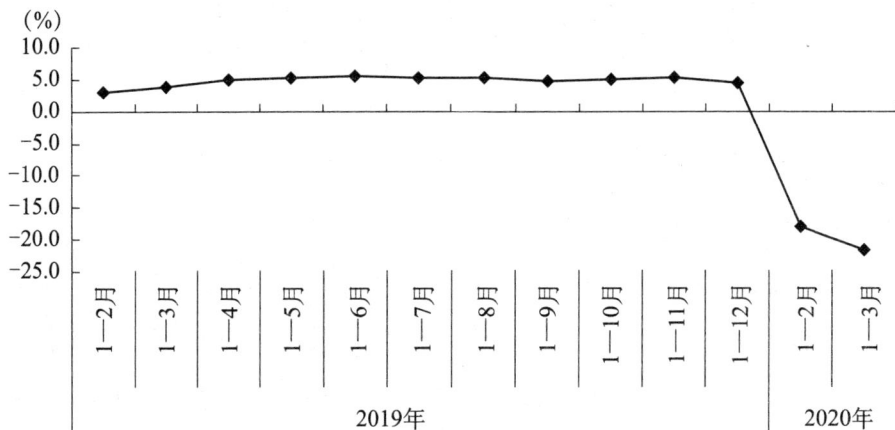

图 3　2019 年以来北京社会消费品零售总额累计增速

一是网上零售、超市增势较好，基本生活类、"宅经济"相关商品增速提高。线上批发零售业、住宿和餐饮业网上零售额增长 15.9%，比 1—2 月提高 2.7 个百分点，占社会消费品零售总额的比重为 29.7%；超市零售额增长 16.9%，比 1—2 月提高 1.6 个百分点。粮油食品类商品销售增长 18.8%，通信器材类增长 16.0%，分别比 1—2 月提高 3.0 个和 8.0 个百分点。

二是住宿和餐饮业降幅加深，传统业态压力较大，耐用消费品销售不畅。住宿和餐饮业零售额下降 48.4%，降幅比 1—2 月扩大 8.6 个百分点；百货店、专卖店、专业店等传统业态零售额均下降 3 成以上；汽车、石油制品和家用电器类商品分别下降 47.9%、42.5% 和 31.5%，降幅比 1—2 月都有不同程度扩大。

（6）北京市居民收入增长放缓，凸显疫情冲击对北京地区就业和收入问题所造成的重大影响，可能会在一定程度上存在激发社会风险的概率，迫切需要顶层设计加以统筹解决。1 季度，北京市居民人均可支配收入 17 874 元，同比增长 4.7%，比上年同期回落 3.6 个百分点。关键的现象是，扣除价格因素，实际增长 0.9%。其中，工资性收入增长 4.9%，同比回落 3.9 个百分点，是北京地区居民收入增长放缓的主导因素。与全国对比来看，1 季度全国居民人均可支配收入比上年同期名义增长 0.8%，扣除价格因素，实际下降 3.9%。其中，城镇居民人均可支配收入同比名义增速为 0.5%，扣除价格因素，实际下降 3.9%；农村居民人均可支配收入增长 0.9%，扣除价格因素，实际下降 4.7%。与上海地区相比，1 季度上海市居民人均可支配收入比去年同期增长

4.9%，扣除价格因素实际增速为 1.5%。分城乡看，城镇常住居民人均可支配收入增长 4.9%；农村常住居民人均可支配收入增长 4.4%，实际增速分别为 1.5%和 1%。与杭州地区相比，1 季度杭州市居民人均可支配收入名义增长 1.7%，扣除价格因素实际下降 3.1%。其中工资性收入、转移净收入分别增长 2.2%和 7.6%；经营净收入、财产净收入分别下降 7.1%和 0.9%。城镇居民人均可支配收入增长 2.4%，农村居民人均可支配收入增长 0.2%，扣除价格因素实际分别下降 2.4%和 4.5%。

（7）北京居民消费价格指数（CPI）上涨明显（见图 4），食品和烟酒类以及医疗保健类商品和劳务是价格上涨主导因素。1 季度，北京市居民消费价格指数同比上涨 3.8%，高于上年同期 2 个百分点，比 1—2 月回落 0.2 个百分点。其中，医疗保健类价格上涨 13.1%，食品和烟酒类价格上涨 9.7%。3 月当月居民消费价格指数上涨 3.2%，涨幅比上月回落 0.4 个百分点；其中食品价格上涨 10.8%，涨幅比上月回落 1.2 个百分点。与全国相比来看，1 季度全国 CPI 比去年同期上涨 4.9%，涨幅比去年同期扩大 3.1 个百分点，比去年 4 季度扩大 0.7 个百分点。食品价格上涨是推高全国 CPI 涨幅的主要因素。与上海地区相比，1 季度上海市居民消费价格指数比去年同期上涨 3.4%。消费品价格上涨 5.3%，服务价格上涨 1.0%。教育文化和娱乐类价格上涨 1.6%，医疗保健类价格上涨 2.9%。与杭州地区相比，1 季度杭州市居民消费价格指数同比上涨 4.9%，比 1—2 月回落 0.5 个百分点。其中，3 月居民消费价格指数同比上涨 4.1%，涨幅比 2 月回落 1 个百分点。食品和烟酒类价格上涨 11.9%，衣着类价格上涨 2.6%，教育文化和娱乐类价格上涨 8.2%，医疗保健类价格上涨 5.8%，鲜菜价格上涨 2.9%，猪肉价格上涨 103.1%。

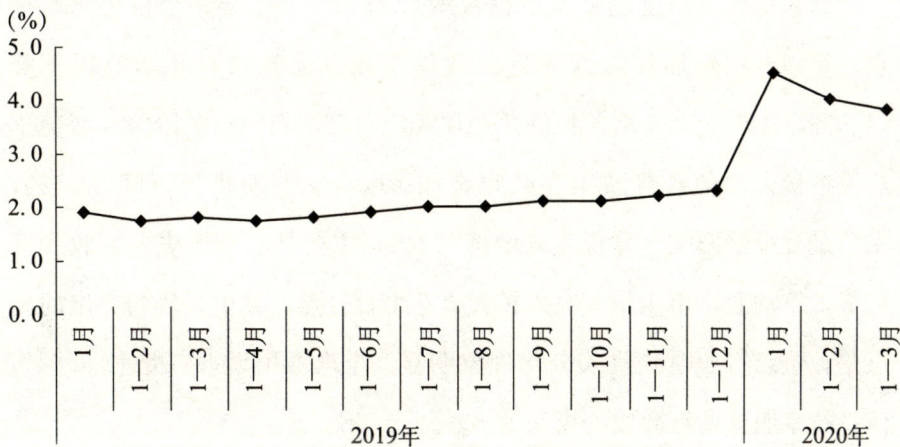

图 4　2019 年以来北京市居民消费价格指数累计涨幅

（8）在遭受坚决执行国家减税降费政策的翘尾、新冠疫情冲击以及上年同期高基数等多重因素叠加作用的效应下，2020 年 1 季度北京政府一般公共预算收入同比下降 11.0%，降幅较 2 月份扩大 4.5 个百分点。同期，税收收入下降 14.4%，但降幅较 2 月份扩大 6.4 个百分点。与全国相比，1 季度全国一般公共预算收入同比下降 14.3%。其中，中央一般公共预算收入同比下降 16.5%；地方一般公共预算本级收入同比下降 12.3%。全国税收收入 39 029 亿元，同比下降 16.4%；非税收入 6 955 亿元，同比增长 0.1%。与上海地区相比，1 季度上海市地方一般公共预算收入比去年同期下降 11.3%。其中，增值税下降 28.2%，企业所得税下降 13.3%，个人所得税增长 9.7%，契税下降 4.8%。与深圳地区相比，1 季度深圳市一般公共预算收入同比下降 12.8%；一般公共预算支出 963.72 亿元，下降 18.3%。与杭州市相比，1 季度杭州市财政总收入和一般公共预算收入分别下降 5.0%、3.9%。

北京地区 1 季度的个人所得税增长 16.1%，主要是个税提高起征点、实施专项附加扣除改革进入政策可比期所造成的。增值税下降21.5%，主要受上年增值税降率翘尾和应对疫情新出台的阶段性减免小规模纳税人增值税等政策性减收叠加影响。企业所得税下降 20.7%，主要是受疫情影响。非税收入增长 8.1%，主要是清理历史欠缴收入项目等，拉动北京市 1 季度收入扩大 5.7 个百分点。其中，较为突出的亮点是，重点行业财政收入分化现象明显。金融业财政收入增长 8.4%，信息技术服务业财政收入增长 9.8%。

（9）北京出口呈现正增长态势，但后续能力不足，核心在于民营企业出口能力严重不足。1 季度，北京地区（包含中央在京单位）进出口较去年同期下降 6.2%。其中，进口下降 8.4%，出口增长 4.4%。3 月份，北京地区进出口下降 13.1%。其中，进口下降 15.8%；出口下降 2.3%。与全国相比，1 季度全国货物贸易进出口总值比去年同期下降 6.4%。其中，出口下降 11.4%；进口下降 0.7%；贸易顺差 983.3 亿元，减少80.6%。3 月份，全国外贸进出口同比下降 0.8%，降幅较 1—2 月收窄8.7 个百分点。其中出口下降 3.5%；进口增长 2.4%。民营企业进出口降幅较小、比重提升。1 季度，全国民营企业进出口下降 2%，占我国外贸总值的 42.4%，比去年同期提升 1.9 个百分点。其中，出口下降7.3%，占出口总值的 51.4%；进口增长 7.9%，占进口总值的 33.1%。

从主要企业类型上看，1 季度北京市国有企业进出口下降 6.6%，占同期地区进出口总值的 74.5%。同期，外商投资企业进出口下降 0.9%，占 18.2%；民营企业进出口下降 11.3%，占 6.8%。民营企业的出口活力没有被充分激发。从主要贸易方式上看，1 季度北京地区一般贸易进出口下降 6.2%，占 84.1%；加工贸易进出口下降 4%，占 5.9%；保税监管场所进出境货物方式进出口下降 7.6%，占 5.5%。从主要出口商品来看，1 季度北京地区出口成品油增长 15.2%；手机增长 24.5%；钢材下降 11.6%；集成电路增长 24.8%；农产品增长 11.3%。

（10）高度关注北京两大核心支撑产业的关键支撑作用。北京第一支撑产业在抵御全球新冠疫情的冲击中发挥了中流砥柱的支撑作用。1 季度，受疫情影响，在各行业经营业绩均出现大幅下滑的情况下，首都金融业呈现逆势增长。金融业实现增加值 1 682.5 亿元，同比增长 5.5%，增速较全市 GDP 增速高 12.1 个百分点，金融业增加值占 GDP 的比重为 22.5%，金融业继续发挥重要支撑作用。金融业较好发挥了财税收入"压舱石"作用。2020 年 1 季度，北京金融业实现地方级财政收入 277.7 亿元，同比增长 8.4%，占全市财政收入的 19.4%，是财政收入贡献第一大行业，拉动 1 季度财政收入增长 1.3 个百分点；完成税收收入 917.4 亿元，同比下降 23%，占全市税收比重为 31.6%。高精尖产业体系复苏节奏相对较快，彰显出特定的经济恢复能力和维持经济高质量发展的韧性和稳定性。1 季度，北京高技术制造业、战略性新兴产业增加值分别下降 4.2% 和 10.4%，降幅比 1—2 月分别收窄 4.1 个和 4.4 个百分点，收窄幅度明显要好于规模以上工业平均水平。

二、 北京经济全面复苏和高质量发展模式加速形成过程中暴露出的重大问题与九大战略判断

　　总体来看，2020 年第 1 季度首都北京的宏观经济变化形势在全球新冠疫情造成的负面冲击下，整体上与全国经济变化形势保持了较为一致的变化特征。然而，从更为细致的角度加以观察和分析，可以看出首都北京由于自身独特的经济结构和产业结构，在此轮全球新冠疫情冲击下所暴露出的独有问题和重大发展风险，也展现出独特的发展韧性。

　　第一个判断是：在全国重点城市中，除湖北武汉之外，首都北京是遭受此轮全国新冠疫情对经济冲击影响最为严重的地区之一，而且，后期的经济恢复能力也面临极大的风险和挑战。这是由以下两个原因导致的：一方面，对首都社会政治安全的考虑压倒一切，使得首都必须采取更为严格、时间更为持久的防控管控举措；另一方面，北京等重点城市中"面对面"（face-to-face）、人员流动性高和人员密集型的服务业在地区 GDP 中的比重更高，更容易遭受新冠疫情的负面冲击，导致经济面临的冲击更大，恢复周期更长。北京的服务业占 GDP 的比重在全国最高，2019 年高达 83.52％，高于上海 2019 年的 72.7％。2019 年，北京市第三产业增加值比上年增长 6.4％，高于地区生产总值增速 0.3 个百分点，对经济增长的贡献率达到 87.8％。其中，金融、信息服务、科技服务等优势行业持续发挥引领经济的核心支撑作用，而金融、信息服务、科技服务等优势行业恰恰就是"面对面"、人员流动性高和人员密

集型的服务业。

第二个判断是：面对 2020 年 GDP 比 2010 年翻一番的坚定不移的国家既定战略目标，即便面临全球新冠疫情的重大冲击，北京也不能拖后腿，而且必须主动起到领头羊的作用，起到中流砥柱的支撑作用。面对 2020 年 GDP 比 2010 年翻一番的国家战略目标，2020 年全国 GDP 实际增速目标应该设定为 3.5%～4.5%。依据北京当前的各项现实条件和既有产业基础，特别是在全面启动的首都减量发展、高质量发展、创新引领发展的战略指引下，可考虑将 2020 年北京的 GDP 实际增速设定在 3.5%～4.5%。这是通过各方面努力完全可以实现的发展目标。

第三个判断是：保证 2020 年北京 GDP 实际增速维持在 3.5%～4.5% 之间的重要支撑点，主要包括以下几点：一是主导产业——金融业的逆势增长态势；二是北京城市副中心的加快建设；三是高精尖制造业体系建设的全面部署；四是新基建的着力建设，特别是以启动基础研究和应用基础研究为核心的北京特色新基建项目，逆势加大，将基础研究占北京全社会研究与开发经费支出的比重提高到 15% 以上，长期目标可设定在 30% 以上。

第四个判断是：消费恢复能力在相当程度上决定今后一段时期内北京 GDP 增速的恢复能力。在此轮全球新冠疫情冲击下，导致北京消费能力下滑的主导因素有：一是第三产业特别是传统服务业部门遭受重大冲击，造成大量企业停产停业，使得就业人员的工资收入下滑；二是信息服务、科技服务等优势行业大量企业停产停业，造成相关就业人员的工资收入下滑；三是文化旅游行业及相关服务行业大量企业停产停业，迫使这些部门就业人员的工资收入下滑；四是高校不能正常开学，200多万高校学生无法返校，对北京的消费贡献归零；五是各种制造业企业和服务业企业外地人员不能及时返京到岗，导致这些部门就业人员的工资收入下滑。因此，北京必须采取有利于刺激消费和投资的一揽子政策，强力恢复消费能力，以政策刺激恢复消费，以投资促进消费，率先形成需求和供给的良性互动格局。

　　第五个判断是：不要太在乎短期内北京政府的税收收入不足和政府财政收支逆差问题。此轮全球新冠疫情冲击必然会对北京财政收支平衡造成巨大影响，急剧扩大政府财政逆差。从政府收入方面来看，考虑到防控疫情期间全力落实各项企业税费减免政策、市场主体经济活动减少等因素，预计财政收入减收近 900 亿～1 100 亿元，其中一般公共预算减收 150 亿元左右，社保基金预算减收 700 亿～800 亿元。而从支出方面来看，医护人员补助、防控物资购置、城市运行等城市公用事业补助等支出增加，促进产业发展等稳定经济增长相关投入加大，对年度支出安排造成重要影响，额外增加规模可能高达 150 亿元以上。因此，在2019 年北京财政收支平衡已经出现巨大压力的情形下，在新冠疫情造成财政收支不平衡进一步加大的压力下，特别是考虑到北京作为首都，疫情防控管理要求相对较高，防控周期可能相对较长，预计后续的财政收支平衡压力还将持续加大。为此，今后北京的税收必须形成两个有力源泉，形成双轮驱动格局：一是金融业；二是高精尖制造业体系。客观事实是，高精尖制造业体系在首都北京发展中的战略定位一直处于模糊地带，高精尖制造业体系不仅仅是创造地区 GDP 的最重要手段，也是创造全员劳动生产率可持续增长和创造高收入就业岗位的核心手段，更是地区创税和税收来源的关键源泉。在我们看来，只要北京能够发展起高精尖制造业体系，税收的来源不成问题。短期内，应该实施中央对首都北京的专项资金扶持计划，加大发行首都建设专项债以及北京城市副中心专项债。

第六个判断是：打造全球有影响力的科技创新中心战略定位，不仅仅是将北京定位为全球原始创新、基础研究、应用基础研究、颠覆性技术创新的策源地，更应该将北京定位为中国本土跨国企业研发和关键核心产业生产的发源地、重点产业领域关键核心技术创新突破和核心生产基地布局的集聚地、战略性新兴产业的前瞻性研究基地和重点生产基地。未来中国的本土跨国公司，对地区经济高质量发展至关重要。深圳的全面崛起就是因为培育和吸引了不少中国最具有竞争力的中国本土跨国公司，在创造 GDP 和贡献税收方面的作用独一无二。上海也在这个方面奋起直追，谋求先机。首都北京千万不能泰然处之，置之不理，必须加快培育、吸引和发展核心产业领域的本土跨国企业。而本土跨国企业一定是在基础研究、应用基础研究等方面具有全球领先力的、持续"过度"研发的高科技企业，恰好完全符合北京地区的综合优势和发展定位。

第七个判断是：此轮全球新冠疫情对首都北京可持续发展带来的最大冲击和教训是，北京的高精尖制造业比重相对过低，导致抵御全球疫情冲击的内生能力不足，充分暴露出第三产业服务业占 GDP 过高的比重所蕴含的经济风险以及维持经济发展能力的脆弱性。相反，由中国各重点城市在此轮全球新冠疫情冲击中各产业变化情况（见表 2）得到的一个启示是，高精尖产业体系特别是高精尖制造业体系相对具有更好地抗击外部突发事件的巨大冲击的能力，而且恢复能力相对也更为迅速。因此，北京当前除去生活方面的制造业外，除去总部经济之外，制造业占 GDP 的比重可能只有 8% 左右甚至不到 8%。因此，必须尽快实施将北京高精尖制造业占 GDP 的比重提高到 15%～20% 的重大发展战略。在处理好"都"和"城"关系的基础上，因地制宜，可以将北京"城区"的高精尖制造业占 GDP 的比重设定为不同的比重，有些地区这个比重可以设定得更高。比如，北京城市副中心的高精尖制造业占 GDP 的比重就可以设定为 20% 甚至更高。

表 2　中国重点城市 2020 年 1 季度产业发展状况

地区	高精尖产业体系发展情况	第三产业变化情况
上海	1 季度，全市工业战略性新兴产业总产值为 2 244.78 亿元，比去年同期下降 3.6%，降幅小于全市规模以上工业 13.8 个百分点。其中，新一代信息技术产值增长 15.3%，新能源汽车产值增长 5.7%。智能手机、碳纤维及其复合材料、工业机器人、集成电路圆片产量分别增长 33.7%、25.5%、8.9% 和 7.5%。部分工业战略性新兴行业产值和高技术产品产量较快增长。	1 季度，全市第三产业行业内部走势出现分化，部分行业形成有力支撑。受疫情影响较大的批发和零售业增加值比去年同期下降 19.5%；交通运输、仓储和邮政业增加值下降 18.5%；房地产业增加值下降 10.3%；租赁和商务服务业增加值下降 6.9%。但同时，以互联网、数字化和科技创新为依托的相关行业较快发展，信息传输、软件和信息技术服务业，金融业，教育业，卫生和社会工作等行业逆势增长。1 季度，全市信息传输、软件和信息技术服务业增加值比去年同期增长 13.1%；金融业增加值增长 7.3%；教育业增加值增长 5.2%；卫生和社会工作行业增加值增长 23.5%。以上四个行业合计拉动全市经济增长 3.1 个百分点。

续表

地区	高精尖产业体系发展情况	第三产业变化情况
深圳	战略性新兴产业小幅下降。1 季度，全市战略性新兴产业增加值为 2 005.84 亿元，同比下降 8.8%。其中，数字经济增长 4.9%，生物医药下降 2.6%，新材料下降 8.2%，新一代信息技术下降 8.7%，高端装备制造下降 13.3%。	全市规模以上服务业（不含金融、房地产开发、批零住餐等行业）1—2 月营业收入同比下降 6.2%。规模以上其他营利性服务业中，信息传输、软件和信息技术服务业增长 2.4%，租赁和商务服务业下降 1.8%。
杭州	数字经济积极向好，重点产业逆势发力。1 季度，全市数字经济核心产业增加值为 818 亿元，增长 6.1%，占 GDP 的 24.2%。软件与信息服务、数字内容等相关产业逆势发力，分别增长 10.1% 和 8.0%。	1 季度，全市服务业增加值下降 1.1%，小于 GDP 降幅 3.7 个百分点。其中，信息传输、软件和信息技术服务业，金融业，非营利性服务业增加值分别增长 10.1%、10.4% 和 3.0%；房地产业，交通运输、仓储和邮政业，批发和零售业，住宿和餐饮业增加值分别下降 4.6%、17.4%、17.7% 和 35.9%。规模以上服务业企业营业收入增长 2.2%，比 1—2 月回升 4.9 个百分点。

如果北京首都放弃了高精尖制造业体系，整个京津冀的经济就没有了希望，甚至中国整个北方地区的经济发展均会失去主心骨。

第八个判断是：首都北京对高端人才的吸引力正在发生逐步下滑现象，特别是发生了较为突出的人才流出现象，这说明，首都北京的全国高端人才中心地位正在下滑，这不利于首都北京率先实现高质量发展所拥有特定人才综合优势的积累和发挥。从 2019 年中国城市人才吸引力评估报告来看，北京对人才的吸引力已经落在上海和深圳后面，与上海的差距持续扩大，与广州的吸引力相比已经相差无几（见表 3）。其中，导致北京人才吸引力下滑的最为核心的因素是人才净流入占比指标为负，拖累了整体指标优势。但是，北京对海归人才的吸引力仍然遥遥领先。

表3 2019 年人才吸引力 TOP 20 城市细分指标数据

排序	人才吸引力指数	人才流入占比（权重30%）	人才净流入占比（权重40%）	应届生人才流入占比（权重15%）	海归人才流入占比（权重15%）
1	上海 100.0	5.2%	0.5%	5.7%	8.0%
2	深圳 85.3	4.7%	0.2%	5.6%	6.3%
3	北京 78.7	6.3%	−3.9%	7.7%	10.2%
4	广州 75.1	3.9%	0.6%	5.4%	4.2%
5	杭州 69.5	3.4%	1.4%	3.6%	3.4%
6	南京 53.2	2.8%	0.9%	3.0%	2.5%
7	成都 46.9	2.9%	−0.7%	4.6%	3.3%
8	济南 39.4	2.2%	0.6%	2.3%	1.7%
9	苏州 37.3	2.2%	0.3%	2.1%	2.1%
10	天津 35.9	2.3%	−0.1%	2.4%	2.5%
11	重庆 33.4	1.8%	0.3%	2.4%	1.6%
12	武汉 32.9	1.9%	0.1%	2.3%	2.0%
13	郑州 31.6	2.3%	−0.6%	3.4%	1.7%
14	西安 29.9	2.2%	−0.6%	2.7%	1.9%
15	东莞 29.6	1.6%	0.7%	1.2%	1.2%
16	青岛 28.5	1.6%	0.0%	1.8%	2.0%
17	佛山 25.3	1.3%	0.5%	1.1%	1.1%
18	长沙 24.8	1.6%	−0.2%	1.9%	1.7%
19	无锡 24.2	1.3%	0.4%	1.0%	1.4%
20	合肥 22.1	1.4%	0	1.7%	1.6%

资料来源：智联招聘，恒大研究院。

第九个判断是：要真正落实和深刻体现京津冀协同发展国家战略的

重大现实价值，指出具体践行路径。当前，束缚和限制首都北京高精尖产业体系乃至高精尖制造业发展的核心因素，似乎是环境压力、人口压力和产业用地压力等因素。客观事实是，如今这个时代的高精尖产业体系乃至高精尖制造业体系，既不会造成环境压力，也由于智能制造和集成创新模式绝不会产生人口压力或就业交通压力。因此，最为重要的制约因素似乎还是在产业用地因素方面，为此，北京还预留了未来战略性新兴产业的战略用地。依据我们对首都北京各地的长期实地观察和深入分析，除了北京的"都"地区之外，其他的"城"定位地区，特别是在城六区之外的"城"定位地区，仍然有一定的产业用地空间。比如，集体用地如何转化为产业用地的机制体制突破。此外，如果在京津冀区域内统筹安排首都北京各地区产业用地，产业用地供给数量就会被极大地释放出来。比如，可以考虑在六环和七环之间设立和布局特定的"产业发展带"战略。

三、 近期北京的工作重点和改革突破口

第一，首都北京最高决策层在统筹和制定防控疫情和稳增长政策方面，及时发力，重点发力，集中发力，系统发力，为 2020 年完美实现"十三五"规划收官之年的经济增长目标奠定了坚实基础。

首先，北京市委市政府采取了一系列及时有利的扶持政策，这是北京 2020 年 GDP 增长目标能够达到 3.5% 以上的重要保证。我们梳理的市政府办公厅先后实施的相关政策有：支持打好新冠肺炎疫情防控阻击

战 19 条措施、促进中小微企业持续健康发展 16 条措施、保障企业有序复工复产 10 条措施和支持中小微企业政策 2.0 版等，这些政策举措中涉及金融领域的有 15 项具体措施。应逐条制定实施细则和操作流程并向社会公开，将支持复工复产的各项政策以及金融政策落细落实，让广大市场主体特别是复工复产中遇到各种经营困难的中小微企业获得实惠以及增加获得感。

2020 年 5 月 6 日北京市人社局多项稳就业和支持中小微企业政策落地实施。其中，面向重点行业中小微企业发放的援企稳岗补贴，最高标准每人可达 4 540 元。援企稳岗补贴包括以训稳岗培训补贴和临时性岗位补贴两项政策。援企稳岗补贴政策主要面向符合首都功能定位和区域发展规划的科技创新、城市运行保障、生活性服务业等重点行业，且在北京市参加失业保险的中小微企业，同时企业还要满足"受疫情影响，2020 年 2—4 月生产经营收入同比下降 80%（含）以上"这一条件。各参保企业所在区对符合条件的中小微企业名单进行认定。对于组织职工开展培训时长累计不低于 20 课时（900 分钟）的，按照每人 500 元标准给予企业以训稳岗培训补贴，培训补贴最高不超过 120 课时（5 400 分钟）3 000 元。此外，对开展培训的企业，按照参训职工每人 1 540 元的标准给予企业临时性岗位补贴。

其次，需要正确认识到的客观事实是，虽然北京的服务业受到较为严重的负面冲击，但是，在北京约 2 100 万的常住人口中，有相当比例的人口在国家机关、科研机构、高等院校、大型国有企业以及金融机构等部门工作，这些群体的实际收入受此轮全球疫情冲击的负面影响相对较小，居民收入相对稳定，强大的需求消费基础仍然强劲。因此，这就为北京经济具备快速恢复能力奠定了坚实基础。

第二，在全球疫情持续时间不明确，中国 4 月份某些关键指标反弹增长动力不足的情形下，首都北京由于特殊定位和较长时期的防控管理模式，2 季度经济恢复能力仍然存在较多不确定因素，对于首都北京 2020 年 3.5%～4.5% 的 GDP 增速目标会带来较大制约。因此，越是在这种复杂情形下，越要彰显北京最高决策层的战略定力和谋划智慧，主动把握和处理好"都"和"城"的关系，在保证"都"安全运行的前提下，积极发挥"城"在经济恢复增长中的主导作用。为此，要将推动北京城市副中心和北京经济开发区以及非核心城区的经济发展提升为各区委区政府的首要任务。

第三，针对受全球新冠疫情冲击导致的北京经济下滑而言，北京的服务业和本地内需双重主导型的独特经济发展模式的内在特征，以及居民收入缺口带来的有效需求不足，导致了供给侧的企业部门的持久下滑，唯有抓住弥补居民收入缺口和就业机会这一关键问题，才能带领北京经济跳出当前经济下滑的困境。因此，稳就业和稳收入是当前北京宏观经济政策的基础，只有在稳就业和稳收入的基础上才能实现稳需求和稳消费的目标，需求恢复和消费稳定，才能促使生产企业部门走向正轨。归纳而言，北京当前独特的经济传导机制是需求不足→企业受损→就业不足→需求不足，而解决机制则是稳收入→提需求→企业恢复→创造就业和收入→需求进一步恢复→经济进入正常发展轨道。

而稳投资，特别是北京城市副中心建设带来的各种高质量投资，提高未来经济潜在增长率和全要素生产率的新基建投资和基础研究投资，带来未来全员劳动生产率增长和税收增长的高精尖制造业投资，是保证首都北京 2020 年 GDP 实际增速能否维持在 3.5% 以上的关键所在。

第四，将保产业链、供应链和创新链安全和畅通，作为促进北京高精尖产业体系发展的基础工作任务。一是坚持"防放并举"，在全力落实和科学优化已出台的阶段性防控措施的基础上，尽快形成不同行业、项目复工复岗预案，可以考虑适当延长已出台的惠企政策时限，为复产达产提供必要的政策保障。二是全面布局京津冀产业链和供应链的协同复产复工力度，同时强化与长三角、珠三角等国内其他重要市场的产业链和供应链的协同关系。三是在海外疫情蔓延过程中加快修补中断的供应链，积极拓展国外供应链条，主动推动关键技术和核心供应链的国产化和本地化。我们建议，今后有必要将首都北京打造成核心产业链和战略性新兴产业的产业链、供应链和创新链的关键核心技术创新突破的重要基地。

第五，将"稳企业、稳增长"和"保就业、保居民收入稳定"这两种目标充分融合。针对北京而言，一是推动大型企业、龙头企业与关联中小微企业协同复工，促进各类企业员工尽快复岗就业。二是加快畅通供应链，引导企业创新生产经营模式、创新产品与服务，尽快恢复正常产能。三是支持多渠道灵活就业，鼓励有需求、有条件的企业采用"共享员工"模式缓解用工难题，培育新兴动能创造就业新空间。

第六，兼顾考虑北京的稳消费和消费补偿性增长、反弹性增长，提前做好谋划布局准备。一是针对中高端餐饮、文化娱乐、居民服务、短途旅游、健身康复等制定恢复期应对预案，为消费补偿性增长、反弹性增长提前做好谋划准备。二是激发消费潜力释放，促进线上线下互动，利用大数据精准促销，引导企业建立社区链接服务；筹划消费升级扩容提质，在健康、文化、绿色、创新等方面挖掘新增长点。我们建议，一是可以适当考虑在北京加大投放家庭用汽车的购买指标，释放有效需求，支持中国本土汽车企业和新能源汽车企业恢复；二是针对北京地区居民受到疫情冲击导致收入大幅度降低以及生活困难的群众，采取按照身份证发放现金补贴的方式加以扶持。我们估算北京地区的受影响居民群体可能在 80 万左右，需要政府财政资金支出 80 亿元左右。三是当前北京发放消费券的规模仍然相对太小，对消费补偿性增长和反弹性增长的启动作用相对有限，建议加快加大消费券的金额额度和覆盖范围，可以考虑将总盘子设定在 200 亿元以上。

第七，继续完善和强化各种政府扶持政策体系，帮扶市场主体应对疫情难关。客观事实是，政策的精准落地和实施，比政策本身更重要，这应该是后续北京政策的着力方向。落实税费减免政策，免征小规模纳税人增值税，停征中小微企业特种设备检验检测费、占道费、污水处理费，阶段性减免企业社会保险费和医疗保险费。加大政府采购对中小微企业的支持力度，进一步提高面向中小微企业采购的金额和比例。对在疫情期间为承租房屋的中小微企业减免租金的企业，给予一定的资金补贴。给予巡游出租车企业运营补贴，减免巡游出租车驾驶员承包金，缓解出租车行业运营压力。加强对中小微企业金融支持，对积极参与疫情防控物资生产、销售、服务的重点中小微企业，提供最高 50％ 比例的再担保支持，增设"纾困绿色通道"，采取无还本续贷、展期等多种方式帮助受疫情影响严重的中小微企业续贷。加大对疫情防控重点保障企业金融支持力度，提供优惠利率贷款或贷款贴息；对疫情防控相关企业，担保费率降至1%以下；对直接相关企业可免收担保费。建立风险补偿资金，推动财政资金、社会资本相结合，鼓励金融机构加大对小微文化企业的融资服务。

2020 年上半年报告

——延迟恢复和基础再造的北京经济

通过对 2020 年上半年北京宏观经济形势数据的仔细观察和对比分析，可以发现一个重要现象：北京经济正处于延迟恢复和基础再造的双重压力和双重任务的特定复杂发展阶段。今后一段时期内的政策着力重点，既不能仅仅瞄准尽快推动短期内的经济恢复目标，也不能全部聚焦于中长期内的培育适应国内经济循环体系格局的高精尖产业体系发展壮大的目标。客观事实是，北京所面临的促使短期内经济恢复止常运行状态的目标和中长期内基础再造的目标之间并不存在本质性的内在矛盾和冲突。实质上，北京早在 2018 年就全面进入了基础再造的转型时期，2020 年正好处于攻坚克难的关键时期。由此需要清醒地看到的基本事实是，新冠疫情的冲击带来的一个意想不到的好处是，扫除了北京深入推进疏解整治促提升的大多数机制体制障碍，加快了北京各级政府全面实施减量发展战略的决心和信心。北京今后的政策重点是，要在推进基础再造的前提下，强化内生型的经济恢复能力，同时，在谋求经济恢复能力的过程中，创造基础再造的条件，你中有我，我中有你，并行推进。

一、 北京 2020 年上半年的宏观经济形势分析

（1）与全国多数省份经济形势已经由新冠疫情冲击后的恢复期向正常期转化的状态不同，2020 年上半年特别是第 2 季度，北京宏观经济出现了延迟恢复的重要现象，仍然处于全面推动复工复产的攻坚期。我们预计，北京 GDP 实际增速由负转正的时机应该在第 3 季度，第 3 季度 GDP 实际增速可能在 0 左右，而第 4 季度 GDP 实际增速有较大概率在 3％左右。

首先，北京 2020 年上半年 GDP 实际增速同比下滑了 3.2％（见表 1），降幅比第 1 季度收窄 3.4 个百分点。相比全国层面 2020 年上半年－1.6％的下滑幅度以及第 2 季度 3.2％的正增长态势，北京经济表现出了延迟恢复的特征。在北京既有的偏向于第三产业服务业的经济结构特征、处于减量发展关键转型期、新冠疫情意外局部暴发等多重因素的叠加效应作用下，强化经济恢复能力的压力巨大，促使北京经济尽快恢复到正常运行状态成为北京今后的工作任务重点。

全球新冠疫情自从 2020 年 1 月暴发以来，对中国经济发展格局形成了"有效需求不足＋供给全面停滞"的双重负面冲击效果，中国经济由此形成了"供给侧能力恢复（推动复工复产）→推动需求全面恢复→经济进入正常运行轨迹"的攻坚克难的短期不同阶段性工作任务重点。从全国以及中国多数省份 2020 年第 2 季度以及上半年的 GDP 实际增速数据来看，大多数省份的 GDP 实际增速均在第 2 季度由负转正，由此

判断中国总体上进入了"推动需求全面恢复→经济进入正常运行轨迹"的发展阶段。而从北京经济发展的实际情况来看，可以得出的一个判断是，北京正在进入"供给侧能力恢复（推动复工复产）→推动需求全面恢复"的发展阶段，相对于全国总体形势，发生了延迟恢复的重要现象。

表 1 全国 29 个省份 GDP 数据

序号	省份	2020 年上半年 GDP（亿元）	2019 年上半年 GDP（亿元）	名义增速（%）	实际增速（%）
1	广东	49 234.20	50 054.49	−1.6	−2.5
2	江苏	46 722.92	46 317.03	0.9	0.9
3	山东	33 025.80	33 038.11	0	−0.2
4	浙江	29 087.00	28 986.29	0.3	0.5
5	河南	25 608.46	25 224.20	1.5	−0.3
6	四川	22 130.27	21 670.92	2.1	0.6
7	福建	19 901.39	19 708.73	1.0	0.5
8	湖南	19 026.40	18 480.10	3.0	1.3
9	安徽	17 551.10	17 253.67	1.7	0.7
10	湖北	17 480.51	21 304.82	−18.0	−19.3
11	上海	17 356.80	17 737.77	−2.1	−2.6
12	北京	16 205.60	16 443.52	−1.4	−3.2
13	陕西	11 794.92	11 990.81	−1.6	−0.3
14	江西	11 691.10	11 509.35	1.6	0.9
15	云南	11 129.77	10 796.33	3.1	0.8
16	重庆	11 209.83	10 973.93	2.1	0.5
17	辽宁	11 132.50	11 579.99	−3.9	−3.9
18	广西	10 206.04	9 872.79	3.4	0.8

续表

序号	省份	2020 年上半年 GDP（亿元）	2019 年上半年 GDP（亿元）	名义增速（%）	实际增速（%）
19	贵州	7 985.53	7 795.79	2.4	1.5
20	山西	7 821.64	7 915.42	−1.2	−1.4
21	内蒙古	7 704.10	7 895.82	−2.4	−3.8
22	新疆	6 412.80	6 321.07	1.5	3.3
23	天津	6 309.28	6 556.84	−3.8	−3.9
24	吉林	5 441.92	5 316.06	2.4	−0.4
25	甘肃	4 101.90	4 053.00	1.2	1.5
26	海南	2 383.01	2 468.03	−3.4	−2.6
27	宁夏	1 763.86	1 742.61	1.2	1.3
28	青海	1 390.74	1 378.82	0.9	1.0
29	西藏	838.38	789.29	6.2	5.1

其次，北京经济延迟恢复现象发生的主要原因，是与既有的以第三产业服务业为主的经济结构特征密切相关的。2020 年上半年分产业看（见表 2），北京第一产业部门增加值实际增速同比下滑 20.8%；第二产业部门增加值实际增速同比下滑 4.2%；第三产业部门增加值实际增速同比下滑 3.0%。考虑到北京 2019 年的三产结构比重为 0.3∶16.2∶83.5，服务业主导发展的格局异常突出。与上海相比，2020 年上半年，上海 GDP 实际增速同期下降 2.6%，降幅比 1 季度收窄 4.1 个百分点。其中，第一产业增加值下降 16.9%，第二产业增加值下降 8.2%，降幅比 1 季度收窄 9.9 个百分点；第三产业增加值下降 0.6%，降幅比 1 季度收窄 2.1 个百分点。三次产业增加值占地区生产总值的比重分别为 0.2%、24.5%和 75.3%。与杭州相比，2020 年上半年，杭州 GDP 实

际增速同比增长 1.5%。其中，第一产业增加值增长 0.1%，第二产业增加值下降 1.6%；第三产业增加值增长 3.2%。杭州数字经济核心产业占 GDP 的 24.8%，增长 10.5%，增速比 1 季度提高 4.4 个百分点。规模以上工业增加值为 1 636 亿元，增长 0.1%，比 1 季度回升 11.7 个百分点。服务业增加值增长 3.2%，高于 GDP 增幅 1.7 个百分点，比 1 季度回升 4.3 个百分点。

由此可以看出，在上海和杭州这样的超大城市中，以制造业为主的第二产业和第三产业之间的相互支撑关系在危机后的恢复能力方面起到决定性作用。没有足够的以制造业为主的实体经济部门做支撑，第三产业在受到危机冲击后的恢复能力相对就较弱，恢复时期也必然延长。只有实体经济部门恢复，第三产业的恢复能力才能强化。因此，即使是上海这样的超大城市，在第 2 季度 GDP 实际增速仍然为负，但是，只要第二产业迅速好转恢复格局出现，上海第 3 季度必然进入经济正常运行状态。而北京则有可能在第 4 季度进入经济正常运行状态。

表 2　全国及 26 个省份 GDP 总量、三产增加值及增速

	GDP 总量（亿元）	GDP 增速（%）	第一产业		第二产业		第三产业	
			GDP 总量（亿元）	GDP 增速（%）	GDP 总量（亿元）	GDP 增速（%）	GDP 总量（亿元）	GDP 增速（%）
全国	456 614.00	−1.6	26 053.00	0.9	172 759.00	−1.9	257 802.00	−1.6
广东	49 234.20	−2.5	1 914.72	1.6	18 798.81	−6.2	28 520.67	0.1
江苏	46 722.92	0.9	1 453.56	0.1	20 128.63	−0.2	25 140.73	1.8
山东	33 025.80	−0.5	2 393.00	0.9	12 675.80	−0.7	17 957.00	−0.1
浙江	29 087.00	0.5	914.00	1.3	11 620.00	−2.0	16 553.00	2.5
河南	25 608.46	−0.3	2 149.56	−3.5	10 866.63	−0.1	12 592.27	0

续表

	GDP 总量（亿元）	GDP 增速（%）	第一产业		第二产业		第三产业	
			GDP 总量（亿元）	GDP 增速（%）	GDP 总量（亿元）	GDP 增速（%）	GDP 总量（亿元）	GDP 增速（%）
四川	22 130.27	0.6	1 965.46	1.3	8 170.29	1.5	11 994.52	−0.4
福建	19 901.39	0.5	1 001.23	3.3	9 390.19	−0.8	9 509.97	1.6
湖南	19 026.40	1.3	1 492.60	2.0	7 070.30	1.6	10 463.50	0.9
安徽	17 551.10	0.7	1 152.30	1.2	7 126.20	0.8	9 272.60	0.4
湖北	17 480.51	−19.3	1 320.98	−7.9	6 833.01	−23.3	9 326.52	−17.2
北京	16 205.60	−3.2	40.40	−20.8	2 404.80	−4.2	13 760.40	−3.0
陕西	11 794.92	−0.3	620.36	1.3	5 354.63	−0.4	5 819.93	−0.5
江西	11 691.10	0.9	685.50	1.1	5 099.10	0.4	5 906.51	1.4
重庆	11 209.83	0.8	610.02	2.4	4 407.84	0.9	6 191.97	0.5
云南	11 129.77	0.5	999.98	1.9	3 794.35	0.2	6 335.44	0.5
广西	10 206.04	0.8	1 070.53	2.9	3 341.11	−3	5 794.40	2.8
贵州	7 985.53	1.5	991.08	5.5	2 794.29	0	4 200.16	1.8
山西	7 821.64	−1.4	282.94	1.7	3 397.86	−0.3	4 140.83	−2.5
内蒙古	7 704.10	−3.8	366.00	−0.5	3 227.20	−1.8	4 110.90	−5.6
天津	6 309.28	−3.9	69.29	−8.6	2 027.36	−6.6	4 212.63	−2.2
吉林	5 441.92	−0.4	417.64	−0.9	1 889.29	2.0	3 134.99	−2
甘肃	4 101.90	1.5	289.70	5.8	1 340.90	1.8	2 471.30	0.9
海南	2 383.01	−2.6	559.45	1.6	427.45	−7.1	1 396.11	−2.8
宁夏	1 763.86	1.3	—	0.9	—	1.9	—	0.8
青海	1 390.74	1.0	51.08	5.2	564.22	3.2	775.44	−0.8
西藏	838.38	5.1	43.60	3.7	229.50	10.7	408.59	8.7

注：浅灰色区域数字表示低于全国平均线且负增长；深灰色区域数字表示高于全国平均线且负增长。

资料来源：城市进化论公众号据各地统计局的公开报道数据整理。

（2）针对仍然处于全面推动复工复产攻坚期的北京而言，要精准地看到不同产业部门在恢复能力方面的显著差异性表现，找准制约或阻碍北京经济向正常状态收敛的关键产业发展短板。

首先，北京的工业部门率先出现恢复性增长态势。2020 年上半年，全市规模以上工业增加值按可比价格计算比上年同期下降 3.7%（见图 1），降幅比 1 季度收窄 11 个百分点，其中 2 季度增长 7.4%。分经济类型看，上半年，国有企业增加值比上年同期下降 3.8%；股份制企业下降 3.8%；"三资"企业下降 3.1%。分轻重工业看，上半年，轻工业增加值比上年同期下降 8%；重工业下降 2.4%。分重点行业看，上半年，在 39 个工业大类行业中 9 个行业增加值同比增长。在主要工业行业中，通用设备制造业下降 2.8%；专用设备制造业增长 6.5%；计算机、通信和其他电子设备制造业增长 15.2%，增速比 1 季度提高 9.3 个百分

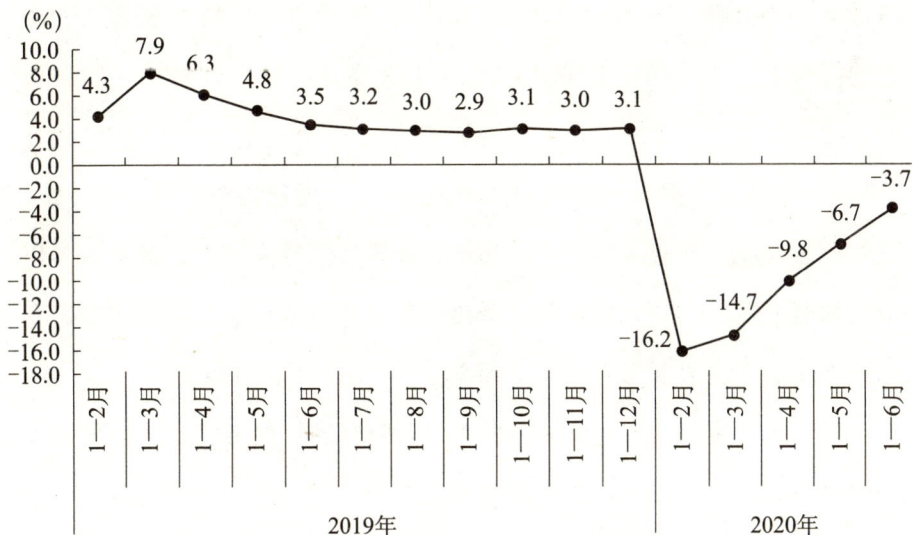

图 1　北京市规模以上工业增加值增速

点；电力、热力生产和供应业由 1 季度下降 1.4％转为增长 2.8％；汽车制造业下降 3.2％，医药制造业下降 4.4％，降幅分别比 1 季度收窄 27 个和 0.9 个百分点。

高端产业推动工业生产恢复和转型升级。在规模以上工业中，占比超 1/4 的高技术制造业由 1 季度下降 4.2％转为增长 3.2％，占比超 1/3 的战略性新兴产业增加值下降 1.1％，降幅比 1 季度收窄 9.3 个百分点（二者有交叉）；智能手机、显示器、工业机器人、3D 打印设备、集成电路和光电子器件等高技术领域产品产量均呈增势。

其次，服务业部门延迟性恢复态势非常明显，部分优势行业呈现逆势增长态势。2020 年上半年，北京市第三产业增加值按可比价格计算，同比下降 3.0％，降幅比 1 季度收窄 1.8 个百分点。从具体行业来看，占地区生产总值比重 37.3％的信息传输、软件和信息技术服务业和金融业保持增长，对稳定全市经济发挥了重要支撑作用。其中，信息传输、软件和信息技术服务业实现增加值增长 8.3％，增速比 1 季度提高 4.8 个百分点；金融业实现增加值增长 5.7％，增速提高 0.2 个百分点。批发和零售业，交通运输、仓储和邮政业逐步恢复。其中，批发和零售业增加值下降 10.1％，降幅比 1 季度收窄 9.9 个百分点；交通运输、仓储和邮政业增加值下降 13.6％，降幅收窄 10.1 个百分点。

（3）在全国需求恢复整体滞后于供给恢复的大情形之下，北京需求与供给的缺口持续扩大，消费需求恢复能力相对滞后，需求能力不足成为导致北京 2020 年上半年经济延迟恢复的主要因素。

首先，北京消费恢复能力仍然相对较弱，预计会在一段时期内仍然处于恢复动力相对不足的基本态势。2020 年上半年，北京市市场总消费额同比下降 13.0%。其中，服务性消费下降 10.0%，社会消费品零售总额下降 16.3%（见表 3），降幅比 1 季度收窄 5.2 个百分点。在社会消费品零售总额中，商品零售额下降 13.6%，降幅收窄 5.4 个百分点；餐饮收入下降 46.2%，降幅收窄 2.2 个百分点。对比来看，网上零售加快增长，限额以上批发零售业、住宿和餐饮业网上零售额增长 25.8%，比 1 季度提高 9.9 个百分点。分商品类别看，饮料类、通讯器材类、体育娱乐用品类和粮油食品类零售额分别增长 42.0%、36.1%、25.6% 和 14.0%。

表 3   2020 年上半年 26 个省份社会消费品零售总额

省份	社会消费品零售总额（亿元）	增速（%）
安徽	8 456.50	−3.5
江西	4 195.30	−4.2
福建	8 652.34	−5.4
贵州	—	−5.5
浙江	11 939.00	−6.3
湖南	7 123.90	−6.6
重庆	5 307.45	−7.2
四川	9 444.90	−7.5
甘肃	1 627.20	−7.9
云南	—	−8.6
广西	—	−8.8
江苏	16 910.40	−9.4
山东	12 463.50	−9.5
宁夏	582.13	−9.8
河南	10 090.18	−11.3
青海	380.34	−12.5

续表

省份	社会消费品零售总额（亿元）	增速（%）
内蒙古	—	−13.8
广东	17 926.46	−14.0
陕西	4 051.60	−15.8
海南	799.45	−16.2
北京	5 973.30	−16.3
山西	2 790.90	−16.3
吉林	—	−20.0
天津	—	−21.7
湖北	7 062.43	−34.1
西藏	—	—

北京新业态、新模式在疫情冲击下表现相对活跃。疫情催生互联网消费需求旺盛，在线教育、在线问诊、在线体育热度上升。1—5月规模以上互联网和相关服务业企业收入同比增长13.2%，较1季度提高6.3个百分点；规模以上教育企业中，开展线上教学的企业收入增长29%，互联网医疗平台咨询量较快增长，健身App增加直播课程，疫情期间居家健身备受青睐；规模以上互联网广告企业收入增长4.3%。疫情期间线上消费、新零售释放消费潜力，上半年限额以上批发零售业、住宿和餐饮业网上零售额增速持续提高，上半年增长25.8%，比1季度提高9.9个百分点；十余家"新零售"企业零售额合计增长超5成。

其次，北京需求-供给缺口非常显著，大于全国平均水平，这表明北京经济中的需求-供给角度的双重延迟恢复现象非常突出。与全国对比来看，2020年上半年在全国层面表示需求-供给缺口指标的社会消费品零售总额增速和 GDP 实际增速的差距为 ［－11.4％－（－1.6％）］＝－9.8％，而北京层面的差距为 ［－16.3％－（－3.2％）］＝－13.1％，上海层面的差距为 ［－11.2％－（－2.6％）］＝－8.6％。并且，上海第 2 季度社会消费品零售总额同比下降 2.2％，已经基本恢复到去年同期市场规模，而北京第 2 季度的下降幅度仍然在 10％左右，恢复期较长。

（4）当前的投资增速特别是投资结构，对北京今后的经济恢复能力和高质量增长能力具有决定性的基础作用。2020 年上半年北京投资变化结构呈现有喜有忧的格局，要高度关注高质量投资动力仍然处于相对支撑份额不足的重要事实。

首先，从整体层面来看，值得忧虑的方面是，2020 年上半年，北京固定资产投资（不含农户）同比下降 1.5％，降幅比 1 季度收窄 5.6 个百分点（见表 4）。与全国固定资产投资（不含农户）同比下降 3.1％的幅度相比略显优势。但是，与东部地区投资同比下降 0.7％的幅度相比略显劣势。与全国各省份相对来看，北京在 2020 年上半年的投资增速也位于全国相对较差行列。其中，基础设施投资下降 20.1％，降幅收窄 10.5 个百分点。交通运输、仓储和邮政业投资下降 27.3％，水利、环境和公共设施管理业下降 2.7％。值得欣喜的方面是，第 2 季度固定资产投资（不含农户）降幅较第 1 季度收窄 5.6 个百分点。分产业看，第一产业投资下降 16.1％；第二产业投资增长 44.0％，其中高技术制造业投资增长 1.2 倍；第三产业投资下降 3.6％，其中高技术服务业投资增长 24.0％，教育业以及卫生和社会工作行业投资分别增长 35.7％和 36.7％。高技术产业投资增长呈现逆势加快特征。具体来看，

制造业中占比超 5 成的高技术制造业投资，在部分集成电路企业扩产、
新型联合疫苗产业化等项目带动下增长 1.2 倍，增速比第 1 季度提高
74.8 个百分点。高技术服务业投资在海淀产业园区建设、怀柔科学城
等项目带动下增长 24%，提高 11.1 个百分点，为高精尖产业体系的发
展储备动力。更要看到的事实是，由于当前北京高精尖产业体系在经济
体量中比重相对较小，对整体投资的拉动作用显得不足。

表 4　固定资产投资（不含农户）增速

省份	增速（%）	比 1 季度回升百分点（个）
湖北	−56.2	26.6
内蒙古	−22.3	15.0
江苏	−7.2	13.0
贵州	−4.9	5.3
天津	−4.0	10.8
北京	−1.5	5.6
福建	−0.8	16.1
宁夏	−0.8	10.9
广东	0.1	15.4
陕西	0.1	16.6
重庆	0.2	16.3
安徽	1.0	12.1
广西	1.1	9.0
山东	1.3	5.4
河南	2.6	10.1
青海	2.9	0.3
海南	3.0	4.6
云南	3.5	15.1

续表

省份	增速（%）	比 1 季度回升百分点（个）
浙江	3.8	9.0
甘肃	4.0	13.1
湖南	4.7	8.7
四川	5.0	9.3
江西	5.8	10.1
吉林	7.8	16.0
山西	8.3	5.8
西藏	18.5	—

其次，从与其他重要城市相比来看，上海在先进制造业、基础设施短板、民生建设等领域加大投资的刺激下，2020 年上半年固定资产投资比去年同期增长 6.7%。具体来看，制造业带动工业投资两位数增长，2020 年上半年，上海工业投资比去年同期增长 15%，增速比 1—5 月提高 1.4 个百分点。城市基础设施投资由降转增，2020 年上半年，基础设施投资比去年同期增长 2.2%，由降转增。房地产开发投资增速提高，房地产开发投资比去年同期增长 7%，增速比 1—5 月提高 3.3 个百分点。民生领域投资加大，社会事业投资增长 6.9%，其中，民生领域不断加强投资，教育业投资增长 2%，卫生和社会工作行业投资增长 17.1%。

对比来看，从主要产业部门角度来看，北京的投资动力已经全面落后于上海。特别是上海着重在先进制造业方面投资的全面发力和加速态势，意味着上海地区的后续经济高质量动力非常强劲，税收保障更加牢靠，全要素生产率和劳动生产率增长基础坚实，居民可支配收入增长动力可持续。这就对北京的经济高质量发展带来巨大的竞争压力和挑战。

而且，上海在新基建方面的投资动力也抢先恢复，可能会拉低与北京营商环境的差距，更有利于上海优先发展成为全球有影响力的科技创新中心。

（5）企业创新研发投入动力呈现逆势增长的新态势，这就深刻表明北京的经济优势在于全面发展具有自主创新能力的企业部门。必须将培育具有自主创新能力的本土企业作为北京经济高质量发展的基础条件。

2020 年上半年，以数字经济、互联网主导的相关产业的研发投入呈现逆势较大幅度增加的突出态势。1—5 月北京市大中型重点企业研究开发费用同比增长 12.8%，并呈现加速增长态势，具体来看，增速比 1—2 月提高 5.3 个百分点。其中，突出的产业部门是信息服务业，其在部分互联网企业加大电商零售、视频直播、人工智能算法等方面研发支出的带动下，研究开发费用增长 17.9%，增速提高 6.1 个百分点；科技服务业在医药研发企业加大抗疫相关药品和疫苗研发的带动下，研究开发费用由 1—2 月下降 9.6%转为增长 1.1%。中关村示范区企业实现技术收入较上年增长 14.1%，增速比 1—2 月提高 4.7 个百分点。

（6）北京 2020 年上半年居民可支配收入增长基础仍然相对比较坚实，这可为下半年消费恢复性和反弹性增长提供充足的动力。但是，要高度关注北京居民收入可持续增长的关键产业支撑问题。

首先，2020 年上半年，北京居民人均可支配收入 34 573 元，名义同比增长 2.11%，略低于全国水平的 2.4%（见表 5 和表 6）。其中，城镇居民人均可支配收入 37 560 元，同比增长 2.2%，高于全国水平的 1.5%。从四项收入构成看，北京居民人均工资性收入 21 172 元，同比增长 0.0%，低于全国平均水平 2.5%；人均经营净收入 390 元，同比下降 36.7%，降幅远大于全国平均水平的－5.1%；人均财产净收入 5 635 元，同比增长 2.5%，低于全国平均水平的 4.2%；人均转移净收入 7 376 元，同比增长 12.2%，高于全国平均水平的 8.2%。而且，首都北京城镇居民的各种收入受到相对较大程度的负面冲击，尤其是居民经营收入受到的负面冲击更为显著，这必然会抑制北京今后一段时期内的高端消费需求和奢侈型消费需求。具体来看，北京城镇居民人均工资性收入 22 851 元，同比增长 0.3%；人均经营净收入 357 元，同比下降 37.1%；人均财产净收入 6 171 元，同比增长 1.7%；人均转移净收入 8 181 元，同比增长 11.6%。

表 5　2020 年上半年各省份居民人均可支配收入

序号	地区	2020 年第 2 季度（元）	2019 年第 2 季度（元）	名义同比增速（%）
1	上海市	36 577	35 294	3.64
2	北京市	34 573	33 860	2.11
3	浙江省	27 039	26 356	2.59
4	江苏省	22 126	21 624	2.32
5	天津市	22 067	22 461	－1.75
6	广东省	20 774	20 322	2.22
7	福建省	18 991	18 591	2.15
8	辽宁省	16 651	16 421	1.40
9	山东省	16 468	16 159	1.91
10	重庆市	15 735	14 990	4.97
11	内蒙古自治区	14 628	14 548	0.55
12	海南省	14 031	13 796	1.70

续表

序号	地区	2020 年第 2 季度（元）	2019 年第 2 季度（元）	名义同比增速（%）
13	安徽省	13 975	13 360	4.60
14	湖南省	13 617	12 949	5.16
15	四川省	13 297	12 547	5.98
16	河北省	12 857	12 510	2.77
17	陕西省	12 782	12 272	4.16
18	江西省	12 644	11 926	6.02
19	吉林省	12 580	12 246	2.74
20	湖北省	12 427	13 719	−9.42
21	广西壮族自治区	11 986	11 636	3.01
22	河南省	11 430	11 145	2.56
23	山西省	11 321	10 978	3.12
24	黑龙江省	11 182	11 209	−0.24
25	宁夏回族自治区	10 888	10 749	1.29
26	云南省	10 848	10 380	4.51
27	青海省	10 724	10 220	4.93
28	贵州省	10 258	9 684	5.93
29	甘肃省	9 213	8 785	4.87
30	新疆维吾尔自治区	9 089	8 803	3.25
31	西藏自治区	8 545	7 792	9.66

资料来源：国家统计局。制表：中新经纬 熊思怡。

表 6　2020 年上半年全国居民收支主要数据

指标	绝对量（元）	比上年增长（%）
全国居民人均可支配收入	15 666	2.4（−1.3）
按常住地分：		
城镇居民	21 655	1.5（−2.0）

续表

指标	绝对量（元）	比上年增长（%）
农村居民	8 069	3.7（−1.0）
按收入来源分：		
工资性收入	9 010	2.5
经营净收入	2 341	−5.1
财产净收入	1 376	4.2
转移净收入	2 938	8.2

注：括号内为扣除价格因素后的实际增速。

其次，与其他省份或主要城市相比，2020 年上半年北京居民人均可支配收入名义同比增速，既显著落后于上海的 3.64%、重庆的 4.97%，也明显落后于江苏的 2.32%、浙江的 2.59%、广东的 2.22%。这就意味着北京的经济高质量发展支撑和核心产业动力不足问题可能已经较为显著地影响到北京居民可支配收入的可持续增长动力机制。2020—2035 年，中国正在进入中等收入群体快速扩张和居民可支配收入至少翻一番的特定发展阶段，因此，要高度重视北京居民可支配收入增长动力不足和产业支撑能力不足的重大问题。

（7）北京财政收入压力自从 2018 年就开始逐步呈现，只是在 2020 年新冠疫情冲击下逐步凸显而已。北京财政压力是实施减量发展过程中必然会发生的现象，其也会随着经济结构全面进入高精尖体系状态而缓解和消失，不必在短期内过度关注。

从全国情况看，受疫情防控等级较严的影响，北京市财政收入降幅大于全国地方级平均水平。由于北京市疫情防控等级维持一级响应时间较长，复产复工略慢于其他省市，1—5 月，北京市财政收入降幅（−11.2%）低于全国地方级财政收入平均降幅（－10.4%）0.8 个百分点。具体来看，2020 年 1—5 月，北京市一般公共预算收入完成 2 349.5 亿元，下降 11.2%。需要客观看到的现实因素是，一方面，全球新冠疫情影响经济活动减收 169 亿元，另一方面，上年减税降费政策翘尾减收 208 亿元，两因素叠加效应合计减收 377 亿元，拉低收入降幅 14.3 个百分点。从行业财政收入看，由于疫情对行业影响程度不同，重点行业增速"两增三降"。1—5 月，金融业和信息服务业受疫情影响较小，发展呈现良好韧性，行业财政收入分别增长 11.1% 和 4.9%；制造业、批发零售业、商务服务业受疫情直接冲击较大，行业财政收入降幅分别为－18.6%、－24.7% 和－21.6%。

（8）居民消费价格指数涨幅逐月回落态势表明，短期内北京消费需求能力不足问题仍然突出。而生产价格延续下降态势说明北京多数生产企业部门均处于供给大于需求态势，恢复能力存在一定问题。

2020 年上半年，北京市居民消费价格指数同比上涨 2.8%。其中，消费品价格上涨 2.9%，服务价格上涨 2.7%。八大类商品和服务项目价格"四升四降"：食品和烟酒类价格上涨 7.6%，教育文化和娱乐类价格上涨 3.9%，医疗保健类价格上涨 11.5%，其他用品和服务类价格上涨 8.4%，衣着类价格下降 0.1%，居住类价格下降 0.6%，生活用品及服务类价格下降 0.2%，交通和通信类价格下降 4.5%。6 月份，居民消费价格指数同比上涨 1.4%，涨幅比上月回落 0.5 个百分点；环比下降 0.1%。2020 年上半年，北京市工业生产者出厂价格同比下降 0.4%，购进价格同比下降 1.5%。6 月份，工业生产者出厂价格同比下降 1.7%，环比上涨 0.1%；购进价格同比下降 3.1%，环比上涨 1.5%。

二、 造成北京经济延迟恢复的内外因素分析

第一，减量发展战略的全面实施必然会带来北京增长动力转换和新旧动能转换的阵痛期，这是导致北京经济延迟恢复的主要因素。因此，决定北京经济恢复能力的关键仍然在于高精尖经济结构的转型成功以及高精尖产业体系占据主导地位的新格局能否及早形成。即便没有出现全球新冠疫情的巨大冲击，首都北京在 2019—2021 年这三年期间，也会由于疏解整治促提升工作任务和减量发展战略的全面实施和铺开，处于经济结构调整的阵痛期和 GDP 增速的下滑型波动时期。因此，新冠疫情在 1 月的全国暴发以及在 6 月的北京暴发，只是造成北京经济在 2020 年第 2 季度延迟恢复的突出因素之一，但其延迟作用有限，没有必要刻意夸大。

第二，北京经济结构中偏重于第三产业部门的固有发展格局，是导致北京经济延迟恢复的主要因素。一个客观规律是，服务业的恢复能力要慢于制造业的恢复能力。越是呈现高质量发展特征的经济体，高端制造业和高端服务业的结合作用就越重要，越是需要高端制造业和高端服务业的协同支撑作用。从北京经济结构的发展趋势特征来看，一方面，2020 年上半年，在北京经济结构占据 85.3% 份额的第三产业部门中，第三产业投资下降 3.6%，增加值同比实际增速下降 3.0%。这就意味

着在北京以面对面为特征的服务业主导型产业结构特征中，第三产业基本态势仍然决定了短期内北京经济的恢复能力乃至长期可持续发展能力。另一方面，高精尖制造业部门，无论是从增加值增速还是投资增速来看，均呈现突出的恢复性增长态势。比如，2020 年上半年规模以上工业增加值第 2 季度增长 7.4%。计算机、通信和其他电子设备制造业增长 15.2%，增速比 1 季度提高 9.3 个百分点。高技术制造业增加值由 1 季度下降 4.2% 转为增长 3.2%；战略性新兴产业增加值下降 1.1%，但降幅收窄 9.3 个百分点。并且，第二产业投资增长 44.0%，其中高技术制造业投资增长 1.2 倍。然而，由于高精尖制造业体系在北京经济结构中的比重相对过低，对北京经济恢复能力支撑作用极为有限。

　　第三，京津冀区域的整体经济并未形成相互支撑式的协同发展格局，相反，却形成区域性增长极的"洼地"效应，拖累了整个京津冀区域在第 2 季度乃至更长时间的经济恢复能力乃至今后的经济高质量发展能力。仔细观察 2020 年上半年的经济增长数据信息，可以发现一个基本事实：除了湖北之外，经济延迟恢复的主要省份暴露和集中在京津冀地区以及环京津冀区域地区。在京津冀的核心区域中，北京 GDP 增速为 -3.2%，天津为 -3.9%，河北为 -0.5%，而针对扩大的京津冀区域的密切联结地区，内蒙古为 -3.8%，辽宁为 -3.9%。这个被忽略的重大现象似乎表明，无论是从京津冀核心区域角度，还是从京津冀的扩大区域角度来看，正在形成一个经济延迟恢复的集中"洼地"。而且，这也可理解为区域性经济高质量增长极的"洼地"效应。这背后可能反映出的重大事实是，北京在引领和支撑京津冀区域经济发展能力方面的主导作用或扩散效应严重不足。更要准确认清的基本问题是：导致京津冀区域经济延迟恢复的主要原因是什么？事实上，这具体表现在：一方面，京津冀区域乃至扩展区域内普遍存在经济新旧动能转换能力弱、高精尖产业体系特别是高精尖制造业发展能力相对较差的突出问题。具体来看：天津规模以上工业增加值同比下降 5.7%，制造业增加值同比下降 9.7%，计算机、通信和其他电子设备制造业同比增长 1.6%，金属制品业同比增长 1.5%，电气机械和器材制造业同比增长 0.4%；河北规模以上工业增加值同比增长 0.8%，制造业增加值同比增长 0.9%，民营企业增加值同比增长 2.0%；内蒙古规模以上工业增加值增速下滑 2.1%；辽宁规模以上工业增加值同比下降 2.3%，制造业同比下降 3.0%。另一方面，客观事实是，在中国整个北方区域中，真正具备引领性地发展高精尖产业体系特别是高精尖制造业体系综合实力的城市，且在现代金融体系、高端人力资本、领先科技创新资源和国际一流营商环境等这些关键方面具有综合优势的地区，只有北京这个超大城市。倘若北京全面放弃了发展高精尖制造业体系和战略性新兴产业体系的制高点机会，必然会带来整个京津冀区域乃至中国大多数北方区域的高精尖制造业体系和战略性新兴产业体系的发展机会的丢失。因此，要真正解决当前京津冀区域性增长极的"洼地"效应，必须将北京经济增长的内生动力真正落在京津冀区域内谋划布局，以构建北京为首的京津冀区域内的高精尖产业体系发展作为重要推动抓手，除此之外，别无他法。

三、 对北京经济正处于基础再造的关键时期判断与发展着力点分析

（一）如何科学认识北京正处于基础再造的关键时期

第一，对当前阶段首都北京究竟具有怎么样的市场竞争综合优势的再思考。北京发展全球高精尖产业竞争的优势究竟在哪里？北京的市场活力究竟在哪里？北京究竟适宜发展何种类型的市场主体？习近平总书记提出，当前的重要任务是"要千方百计把市场主体保护好"，市场主体是经济的力量载体，保市场主体就是保社会生产力。要千方百计把市场主体保护好，激发市场主体活力，弘扬企业家精神，推动企业发挥更大作用、实现更大发展，为经济发展积蓄基本力量。然而，针对北京而言，不仅仅是当前如何保护好市场主体的问题，而且是保护好何种市场主体的问题，更是今后要发展何种类型市场主体的重大问题，以及如何全面激发创新型市场主体活力的全面改革和建设问题。

一方面，特别需要思考的基础性问题是，在现有北京城乡总体规划的法定约束条件下，究竟什么样的市场主体更适宜北京当前的发展环境？很显然，人力资本密集型的高端生产性服务业，比如信息服务业、金融业等，并不非常适宜北京的发展定位，相反，资本密集型的、创新密集型的、人工智能密集型的高端制造业和战略性新兴产业却比较适宜北京的发展定位。然而，矛盾的是，当前北京具有的市场竞争综合优势并不适宜发展资本密集型的、创新密集型的、人工智能密集型的高端制

造业和战略性新兴产业，只能发展和依赖以信息产业、金融业等为主的人力资本密集型的高端生产性服务业，这实际上大大加剧了北京的大城市病以及人地资源和生态环境矛盾，推高了发展资本密集型的、创新密集型的、人工智能密集型的高端制造业和战略性新兴产业的综合成本，极大地限制了北京经济新旧动能的转换机会和空间。

另一方面，即便北京的发展定位是打造全球有影响力的科技创新中心，目前迫切需要科学认识的基础性问题是，针对北京现实的综合优势而言，体现科技创新中心的市场主体应该表现为，一是发展具有一批类似华为这样的具有全球竞争力的本土高科技跨国企业；二是特别是要在关键核心技术创新领域、领先性创新领域、原始创新领域、颠覆性技术创新领域、前瞻性的基础研究和应用基础研究领域发展数量众多的科技型创新型中小微企业。这些企业主体才是可以代表首都北京科技创新中心定位市场活力和营商坏境综合优势竞争力的真正市场主体。

第二，对首都北京税收源泉转换和财政收支可持续能力的再思考。当前，面临新冠疫情冲击和减量发展转折期双重压力的北京各级政府收入出现了增速较大幅度下降的现象，而各级政府财政支出在特殊时期呈现出的刚性特征甚至较大幅度上升特征，则加剧了北京各级政府短期内的财政收支压力。这就造成了 2019 年以来北京各级政府的财政支出收缩态势，也造成了部分地区在基础设施建设投资、产业园区高端开发投资能力等方面的弱化。事实上，应对新冠疫情对北京的巨大冲击，特别是在北京已经发生了经济延迟恢复的重要现象下，通过加大政府财政支出来做"逆周期"宏观政策调整定位，才能在短期内解决北京当前的有效需求不足引发的经济延迟恢复问题。

更为令人担心的问题是，在疏解整治促提升和减量发展战略的全面推动之下，北京部分地区政府的税源收入在短期内发生了逐步收缩的重要现象。这种税收税源的短期收缩现象，是北京推行的疏解整治促提升和减量发展战略的必然结果。问题的关键在于，在实施减量发展战略过程中，北京部分地区出现了新旧动能转换的暂时性断档问题，能产生稳定税收收入的一般制造业迁移出去了，而可产生税收收入的高精尖产业却未完全发展起来，这就必然加大北京整体和部分地区的税收税源压力问题。当前北京所依赖的税收税源主要是金融业和信息服务业这两大支柱产业。2020 年上半年，信息服务业和金融业对北京税收贡献超过45％以上。而金融业和信息服务业在北京的发展已经面临天花板效应，必须高度认识到金融业和信息服务业在北京地区的发展界限和天花板问题，由此，必须寻找新型产业作为重要的税收税源。

第三，对首都北京"都"和"城"关系的再思考。2020 年 7 月习近平总书记主持中央政治局常委会会议审议《首都功能核心区控制性详细规划（街区层面）（2018 年—2035 年）》时的重要讲话精神指出，首都最重要的是政务功能，核心区工作的全部要义，就是全力营造安全优良的政务环境。要突出政治中心的服务保障，推动中央党政机关办公布局优化，服务保障国家重大外事活动。要坚定有序疏解非首都功能，深化拓展疏解整治促提升专项行动，严格实施"双控四降"，让核心区逐步"静"下来。我们对此讲话精神的学习心得和深入理解是，总书记的这个最高指示，为我们深入理解北京所肩负的"都"和"城"的关系，迄今为止做了最为清晰的界定，从而为北京今后的经济高质量发展模式和高精尖产业体系的发展布局指明了方向。

一方面，首要地将之理解为，北京的三环之内要承担伟大社会主义国家的首都功能。换言之，就是要满足北京四大定位中的国家政治中心和国际交往中心的定位功能。要在北京三环之内全面贯彻全力营造安全优良的政务环境的核心任务，通过产业、商业、生活居住区的全面退出、疏解和迁出，让首都核心国家政务区能够彻底安静下来，完整地、有效地承担国家政治中心和国际交往中心的定位功能，形成中国特色的文化传承的首都政务区以及核心功能承载体。

另一方面，应该还可以理解为，北京的三环和四环之间应该是"首都国家政务区"和"北京城市发展区"之间的相对隔离和过渡区域。结合北京三环之内的重要历史文化资源，可以适度发展符合北京的国际文化中心定位功能的各类产业，也可以适度发展高端服务业类型的产业，比如信息服务业、金融业、创新研发产业等。而在北京的四环之外，包括北京城市副中心和三城一区，主要表现为全面实现北京构建全球有影响力的科技创新中心的功能定位，应该主要承担集中打造和发展高精尖产业体系的核心功能。而且可以从京津冀协同发展战略的角度，将北京发展高精尖产业体系的地域地理区位，突破、扩散和衔接到与北京接邻的天津和河北地区。

第四，对首都北京城市副中心产业发展的再思考。在我们看来，由于北京城市副中心主要分布在北京五环之外，因此，北京城市副中心的功能定位，不能够仅仅局限于承担北京城市区域的行政功能服务定位，而是要全力部分承担打造全球有影响力的科技创新中心的核心功能定位，尽力打造北京经济高质量发展的示范区和高精尖产业体系的先行区。设想一下，北京城市副中心 2019 年的 GDP 总值刚过 1 000 亿元大关，而常住人口为 185 万左右，因此，人均 GDP 大约为 5.4 万元。而在北京 2020—2035 年人均 GDP 至少翻一番的情形下，北京城市副中心必须在整个北京区域承担更快更多份额的发展任务，假定 2035 年北京城市副中心 GDP 达到 8 000 亿元，常住人口达到上限 220 万左右，则人均 GDP 大约为 36.35 万元。很显然，这个发展任务面临三个困局：一是人口上限问题，倘若 2035 年 GDP 达到 8 000 亿元，常住人口必然超过 220 万的上限，可能达到 300 万；二是要么 2035 年 GDP 只能达到 3 000 亿元左右，这就预示着北京整个地区 2020—2035 年人均 GDP 至少翻一番的目标难以实现；三是如果依靠北京城市副中心各乡镇各地区的既有产业定位，可能到了 2035 年 3 000 亿元的 GDP 增长目标难以实现。因此，在北京城市副中心的 155 平方公里区域已经严格纳入北京城市总体规划的情形下，剩余的 751 平方公里区域需要承担发展打造全球有影响力的科技创新中心的核心功能定位，承担尽力打造北京经济高质量发展的示范区和高精尖产业体系的先行区的功能。而且，在《北京城市副中心控制性详细规划（街区层面）（2016 年—2035 年）》的约束下，倘若北京城市副中心要实现 2035 年 GDP 8 000 亿元的奋斗目标，就必然要充分利用北三县的土地、人口等协同资源来发展高精尖产业体系特别是高精尖制造业体系。

（二）找准北京基础再造的着力点

第一，新投资结构及其隐含的巨额高质量投资决定了首都北京未来的经济增长内生动力基础。然而，必须高度关注 2020 年上半年北京投资结构所暴露出的一系列重大问题：一方面，第三产业投资恢复能力严重不足。我们所担心的是北京第三产业部门投资动力不足问题，不仅仅是新冠疫情带来的短期问题，它很有可能演化为一个中长期问题，导致在较长一段时期内北京第三产业部门投资增速始终在低水平徘徊。另一方面，从全国来看，应该紧紧抓住中国经济格局正在发生的根本性变化机会，这就是，充分利用中央提出的"构建以国内大循环为主体、国内国际双循环相互促进的新发展格局"新战略蕴含的新机会，积极发展先进制造业、战略性新兴产业和关键核心技术创新领域中的进口替代和自主创新生产型产业。由此可以发现的一个基本规律是，凡是在高精尖制造业领域投资较多的省份，地区经济在新冠疫情冲击下的恢复能力就相对越强，而且，第三产业的恢复能力相对也更强。从北京 2020 年上半年的投资结构数据信息来看，也表现为第二产业部门中的高科技制造业产业投资呈现较大幅度恢复性增长的固有规律。但是，由于高精尖制造业在 GDP 中的比重只有 8%～10%，对北京整个经济的拉动作用就显得有限。更为重要的经济规律是，由于第三产业部门的劳动生产率和全要素生产率的可持续增长能力要远远小于高精尖制造业部门，因此，当前北京在高精尖制造业部门中的投资动力相对弱小，必然会造成北京在今后的人均 GDP 和全要素生产率可持续增长动力的全面不足，导致北京经济高质量发展能力的全面不足。由此，我们认为，北京经济发展基础再造的关键是高精尖产业体系，特别是高精尖制造业体系，这是决定首都北京经济高质量发展模式能否形成的核心因素。

　　第二，加快在北京南部区域全面布局高精尖产业体系发展，特别是高精尖制造业体系，这是决定北京经济高质量发展模式能否形成的重要基础。需要客观看到的基本事实是，从保障首都北京四个中心地位的角度来看，从保持首都北京建设世界一流和谐宜居之都的战略定位来看，从科学把握"都"和"城"之间关系的角度来看，北京适合发展高精尖产业乃至高精尖制造产业体系的区域，事实上，主要且只能分布在首都北京的南部平原地区。就北京各区域的地理区域特点来看，北部和西部区域多数为生态涵养区，是北京的"金山银山"。而且，既有的北部和西部平原地区已经密布各种产业园区以及生活居住区，再难以有足够空间来开拓发展高精尖产业体系乃至高精尖制造业体系。而东部区域是北京各种类型高端生产服务业产业和企业的相对集中和密集区域，可供大规模开发的空间极为有限，且大城市病和人地矛盾在此区域尤为明显，是需要适当疏解和平衡的地区。因此，在发展高精尖产业体系乃至高精尖制造业体系的资源布局和平衡方面，只有北京的南部平原地区具备如此巨大的空间。这是因为：一是北京突出的南北经济发展不平衡格局，迫切需要将推动北京南部区域经济高质量发展作为当前的主要战略之一；二是北京南部区域可以通过城乡村改造工程和集中居住工程，整治和腾换集中性的土地资源；三是在南部区域分布着不少数量的小型产业开发区乃至北京经济技术开发区，这就是北京当前可以充分利用的重要资源；四是北京南部平原地区的最大特点就是可以充分利用与北京接邻的天津、河北等地区的低成本土地、人口资源等重要资源要素，发展高精尖制造业体系特别是战略性新兴产业的配套制造能力。

第三，首都北京外围区域乃至围绕首都的京津冀产业发展带的高精尖制造业和战略性新兴产业体系布局，决定着北京经济高质量发展格局的最终形成。从推进京津冀产业协同发展的角度来看，很容易陷入的一个认知误区就是认为可以在京津冀的整个区域内布局高精尖产业体系和战略性新兴产业体系的产业链。然而，从全球高精尖产业体系和战略性新兴产业体系的发展经验来看，高精尖产业体系和战略性新兴产业体系均集聚在一国的经济发达地区乃至特定狭小范围的地理区域内。基于这样的发展规律，鉴于北京相对于天津和河北特有的高端人才、科技创新、金融服务资源、城市高端文化制度条件、高端生产生活设施条件、国际一流营商环境等绝对优势和巨大落差，要抢占未来全球的高精尖产业体系和战略性新兴产业体系的制高点，只能依靠北京的高端综合优势以及地理区位优势，而天津和河北地区绝无如此的综合优势。并且，即便由北京来主导发展高精尖产业体系和战略性新兴产业体系，也绝无可能在天津和河北区域内平均分配、平均分布，只能密集集聚在首都北京的南部平原地区以及围绕北京南部地区半径 0～50 公里的京津冀产业带地区中。因此，京津冀产业协同发展的突破口并不能从将北京的高精尖产业体系和战略性新兴产业体系平均化式地放在京津冀区域整体范围内加以布局，而只能以北京南部地区为主，在围绕北京南部地区半径 0～

50 公里的京津冀产业带地区内优先布局。

第四，将北京打造为具有全球竞争优势的中国本土高科技跨国企业和全球领先性科技创新中小微企业的策源地。针对中央提出的"构建以国内大循环为主体、国内国际双循环相互促进的新发展格局"这一根本性的新战略，北京必须深刻认识到这个重大战略并不是应对逆全球化和贸易保护主义的权宜之计，而是中国的最高决策层依据全球格局正在发生的根本性变化特征而制定的一项决定中国今后若干年经济发展总原则的重大战略判断。北京不能在中国的这个重大发展战略转折期中置身度外，必然率先领会和践行中国的"构建以国内大循环为主体、国内国际双循环相互促进的新发展格局"的根本性新战略。一方面，要在构建以国内循环为主体的经济体系方面有所作为；另一方面，也要在构建国内国际相互促进的新发展格局方面有所行动。北京在此方面应如何践行？我们认为，将之落到产业和企业层面，就是要优先培育和发展具有全球竞争优势的中国本土高科技跨国企业和全球领先性科技创新中小微企业，抢先将北京打造为具有全球竞争优势的中国本土高科技跨国企业和全球领先性科技创新中小微企业的策源地。一方面，北京作为中国科技创新资源最为集中和最具有综合优势的地区，如果无法培育和发展一批具有全球竞争优势的中国本土高科技跨国企业，就无法体现和落实北京打造全球有影响力的科技创新中心的定位；另一方面，北京正在打造的对标国际一流营商环境的制度建设，必须体现在充分激发创新型的市场主体活力方面，必须体现在北京发展出一批全球领先性科技创新中小微企业方面，否则北京就是在空谈改革和经济高质量发展。

四、 今后一段时期内的政策着力重点

综合以上分析，我们认为，在当前北京经济面临延迟恢复和基础再造双重压力和双重任务的复杂形势下，今后一段时期内的政策着力重点，既不能仅仅瞄准尽快推动短期内的经济恢复目标，也不能全部聚焦于中长期内的培育适应国内经济循环体系格局的高精尖产业体系发展壮大目标。客观事实是，北京所面临的促使短期内经济恢复正常运行状态目标和中长期内基础再造目标之间并不存在本质性的内在矛盾和冲突。实质上，北京早在 2018 年就全面进入了基础再造的转型时期，2020 年正好处于攻坚克难的关键时期。由此需要清醒地看到的基本事实是，新冠疫情的冲击带来的一个意想不到的好处是，扫除了北京深入推进疏解整治促提升的大多数机制体制障碍，坚定了北京各级政府全面实施减量发展战略的决心和信心。北京今后的政策重点是，要在推进基础再造的前提下强化内生型的经济恢复能力，同时，在谋求经济恢复能力的过程中创造基础再造的条件，你中有我，我中有你，并行推进。

第一，刺激消费扩张和促使既有需求能力全面恢复，是北京近期内宏观经济政策调控的首要目标。不同于其他省份或重点超大城市，北京当前宏观经济形势的特点是主体居民群体的收入受新冠疫情冲击相对较小，总体需求能力的基本盘还在，需要的是真正去激活和恢复这些既有的消费能力和中高端需求空间。为此，我们建议：一是北京部分地区实施的既有消费券计划效果不好的原因在于政府没有拿出真金白银来刺激

消费者，只是利用厂商让利打折式的消费券策略，自然不能真正刺激消费者的购买欲望。因此，必须发放一批针对餐饮、区域内旅游、影院、剧院、住宿、娱乐、健康、医疗以及中高端产品消费等方面的真金白银式的、可以直接替代现金支付的消费券，而不是虚假式的让利打折式的消费券。二是真正做好首都北京防范新冠疫情常态化机制的战略思维。即便今后北京再发生局部的新冠疫情暴发事件，只要暴发群体可控制在几千人之内或者每天出现几十例的病例报告事件，都不要将之过度扩大宣传，要将之视作常态化模式，尽快适应在此可能状态下的经济正常运行机制管控。

　　第二，采取有效的系统性的政策体系举措，保护服务业部门企业和科技创新中小微企业为主的市场主体。北京各级政府和各部门机构已经在保护北京的各类市场主体方面出台了很多政策举措，取得了积极效果。然而，在北京经济第 2 季度发生延迟恢复的情形下，特别是在北京第 2 季度的消费能力恢复态势仍然存在巨大障碍的情形下，以各类服务型企业和科技创新中小微企业为主的市场主体，必然会遭受更长时期的负面冲击以及更为突出的经营困难问题，支撑不下去的中小微企业主体可能会在第 3 季度出现集中裁员潮或倒闭潮，有必要将原有的扶持政策延续到第 3 季度。为此，我们建议：一是针对中小微企业普遍反映强烈的难以正常支付租金问题，适当延长和提高政府对企业各类租金的补贴和减免政策。具体来看，可以推动中央所属的国有房屋产权单位的减租免租政策，针对私人所属的房屋产权单位提倡双方协商减租免租政策，政府可以考虑对于减免部分提供二分之一的补贴；二是针对部分中小微企业面临的生产经营流动资金困难问题，在坚决执行开展清理拖欠民营企业中小微企业账款的基础上，可以考虑设立专门的中小微企业解困基金。

第三，以"逆周期"宏观调控思维，以政府和市场相结合的投资基金模式，维持甚至适当强化北京在基础研究、原始创新、"卡脖子"的关键核心技术创新领域方面的稳定投入，最为重要的是加快高精尖产业体系的培育、引进和投资，从创新研发和大规模先进制造能力两个方面抢占全球产业基础和产业链水平的制高点。当前，由于北京各级政府面临的短期财政收入收缩压力，北京对科研机构、高等院校等各类主体的研究资金进行了较大幅度的削减，树立了过紧日子的思维。然而，我们多次强调，北京税收减少是减量发展战略的必然结果，一旦高精尖产业体系构建而成，北京税收可持续不存在任何问题。因此，为了尽快促进北京在基础研究、原始创新、"卡脖子"的关键核心技术创新领域等方面自主能力的发展壮大，加快高精尖产业体系的培育、发展和壮大，北京要树立"逆周期"逻辑的有所作为思维，越是困难时期，越是要敢于作为、敢于投入，积累和强化逆境之中的后发能力优势。为此，我们建议：通过设立"关键核心技术创新突破基金""重大基础装备研发与生产基金""颠覆性技术创新研发和生产基金"等不同类型的途径，强化怀柔科学城、未来科学城的自主创新能力和特殊科研重大基础装备的生产制造能力，强化中关村科学城和北京经济技术开发区在这些重大原始创新方面的大规模生产制造自主能力的积累和强化。

第四，加快研究、制定和布局"北京南部区域产业带"和"环北京京津冀协同发展产业带"的具体发展战略。面对中央正在部署的"构建以国内大循环为主体、国内国际双循环相互促进的新发展格局"的重大战略，北京必须抓住这个战略机会，有所作为。有鉴于此，我们认为，当前北京需要加快研究和考虑布局"北京南部区域产业带"和"环北京京津冀协同发展产业带"的具体发展战略。一方面，明确将集成电路产业、人工智能产业、5G 和 6G 产业、现代医疗产业、关键材料和新型材料产业等战略性新兴产业体系，作为北京南部区域板块的主要发展任务，特别是要培育和发展从前端的创新研发环节到后端的大规模智能制造和先进制造环节的全产业链体系。为此，可以研究考虑设立专门的"北京南部区域产业投资基金"。另一方面，在北京南部区域定位于发展集成电路产业、人工智能产业、5G 和 6G 产业、现代医疗产业、关键材料和新型材料产业等战略性新兴产业体系的指引下，进一步谋划和布局"环北京京津冀协同发展产业带"，将之作为联结北京南部区域板块与接邻的天津和河北地区，共同发展国内产业链体系的主要任务，可以将这些产业链的部分制造业环节和零配件生产基地环节分布到"环北京京津冀协同发展产业带"统一谋划。为此，也可以研究考虑将设立专门的"环北京京津冀协同发展产业投资基金"作为重要抓手。

2020 年第 3 季度报告
——站在"十四五"开局新起点的北京经济

  针对北京在即将进入第二个百年征程的"十四五"期间的第一个开局年份，综合分析 2020 年前 3 季度北京各项核心宏观经济指标的变化趋势，结合分析背后逐步暴露出的一系列深层次现象或问题，必须有高度的前瞻性、系统性的战略判断和科学认识。

  在我们看来，导致 2020 年北京经济恢复能力尚未达到理想预期状态的深层次因素，既有北京作为国家政治中心和国际文化交流中心严格防范和化解全球新冠疫情的举措所带来的必然后果，更有北京在实施减量发展、经济高质量发展和创新引领发展过程中，高端制造业增加值在 GDP 中的比重相对过低，支撑国家产业链、供应链和创新链安全的关键核心技术创新领域重大突破的国家战略科技力量相对不足，主导"国内大循环体系"的产业链、供应链现代化水平相对不高，战略性新兴产业主导的现代产业体系发展不充分，具有国际竞争力的数字产业集群尚未形成等方面表现出的一系列经济增长内生型动力机制不足。

  简而言之，北京已经没有必要再去纠结 2020 年的短期经济增长能否实现 6％左右的既定目标，或者继续纠缠于 2020 年第 4 季度增长目标高低的问题，而是需要彻底转换发展思维和全面激发发展智慧，重点谋划和加快布局维持"十四五"期间乃至 2035 年远景期间北京经济高质量发展的重要支撑点以及相应的结构性改革重要突破口。

一、 北京 2020 年第 3 季度的宏观经济形势分析与预判

（1）与全国重点省份经济形势全面进入正常期的发展态势有所不同，2020 年 1—3 季度特别是第 3 季度北京宏观经济出现恢复动力相对不足的重要现象。我们预计，第 4 季度 GDP 实际增速有较大概率呈现 3％左右的增速，而 2021 年第 1 季度的 GDP 实际增速有较大概率呈现 5％左右的增速，2021 年第 2 季度则有较大概率进入 GDP 实际增速的正常增长轨道，即进入 5.5％～6％的正常增速轨道之中。

北京 2020 年 1—3 季度实现地区生产总值 25 759.5 亿元，按可比价格计算，同比实际增长 0.1％。相比 2020 年第 1 季度－6.6％的下滑幅度和上半年－3.2％的负增长态势，北京 GDP 增速在第 3 季度大幅增长，发生了 1—3 季度 GDP 增速由负转正的稳定性恢复的重大转折现象（见图 1）。

与全国层面 2020 年 1—3 季度 0.7％的 GDP 实际增速相比，北京 GDP 实际增速出现了低 0.6 个百分点的重要现象。而且，与全国多数省份 2020 年 1—3 季度 0.7％的 GDP 实际增速相比，北京处于相对落后地位。从我们统计的 29 个全国主要省份的 2020 年 1—3 季度 GDP 实际增速来看，除了湖北（－10.4％）、内蒙古（－1.9％）、黑龙江（－1.9％）、辽宁（－1.1％）、天津（0％）之外，北京排在倒数第六位（见图 2）。

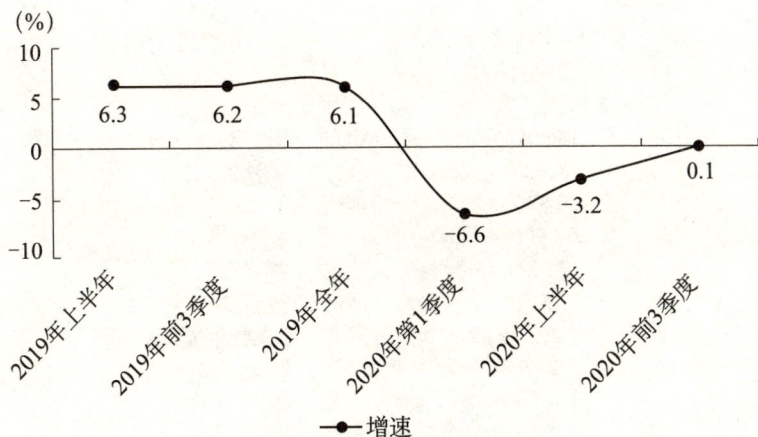

图 1　2019—2020 年北京 GDP 增速情况

资料来源：中商情报网。

我们认为，从北京 2020 年 1—3 季度的 GDP 实际增速角度来看，可以判断，事实上，北京经济在遭受全球新冠疫情和全面实施减量发展政策的双重冲击之下，既有的经济结构和产业结构中的重要短板和重大弊端问题被充分激发，导致了北京在短期内出现了经济内生型增长动力相对不足的重大现象。

（2）"软经济""软产业"偏向的特定经济结构与产业结构特征，在中国人均 GDP 水平仍然处于中等收入阶段的情形下，必然表现出内生型增长动力不足的固有特征，这是造成北京经济恢复性增长动力不足的重要因素。一方面，不同产业部门在恢复能力方面表现出显著的不均衡特征；另一方面，在遭受全球新冠疫情和全面实施减量发展政策的双重冲击之下，北京"软经济""软产业"偏向的经济模式和产业结构调整存在的内在缺陷和发展弊端逐步凸显，必须高度重视。

GDP总量（亿元）		GDP增速（%）
78 397.07	广东	0.7
73 808.80	江苏	2.5
52 186.01	山东	1.9
45 826.00	浙江	2.3
39 876.71	河南	0.5
34 905.00	四川	2.4
31 331.55	福建	2.4
29 780.59	湖南	2.6
29 779.42	湖北	-10.4
27 668.10	安徽	2.5
25 804.40	河北	1.5
25 759.50	北京	0.1
18 681.48	陕西	1.2
18 387.80	江西	2.5
17 708.00	辽宁	-1.1
17 707.10	重庆	2.6
17 539.76	云南	2.7
15 999.07	广西	2.0
12 650.00	贵州	3.2
12 499.90	山西	1.3
12 320.00	内蒙古	-1.9
10 095.43	天津	0
9 819.94	新疆	2.2
8 796.68	吉林	1.5
8 619.70	黑龙江	-1.9
6 444.30	甘肃	2.8
3 841.31	海南	1.1
2 796.02	宁夏	2.6
2 170.13	青海	1.2

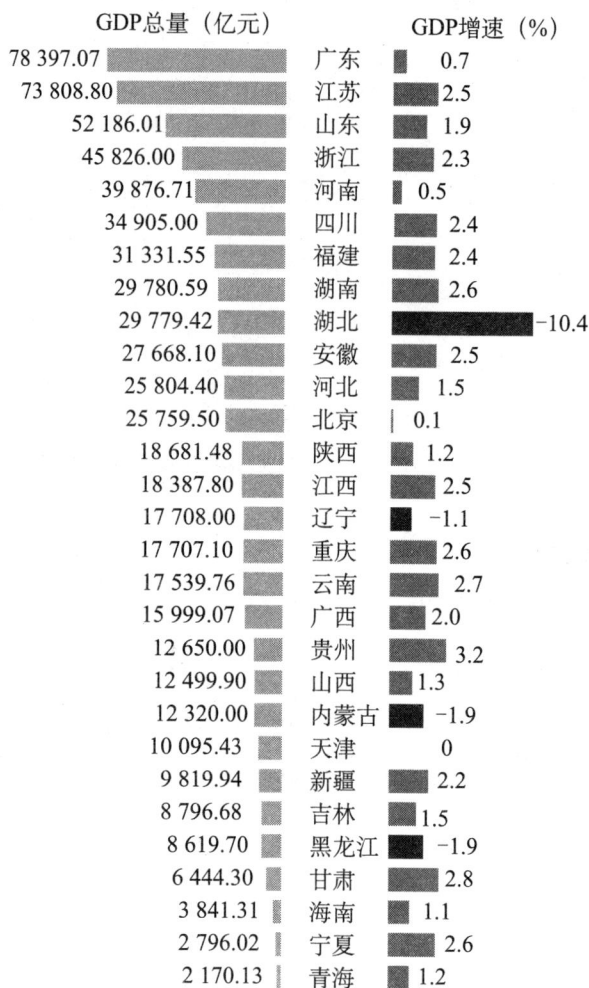

图 2 29 省份前 3 季度 GDP 排名

资料来源：各地统计局。

第一，北京呈现出不同产业部门恢复能力不均衡的突出现象。

从北京 2020 年前 3 季度的不同产业部门发展状态来看，第一产业实现增加值 72.5 亿元，下降 11.0%；第二产业实现增加值 3 917.2 亿元,与上年同期持平;第三产业实现增加值 21 769.8 亿元,增长 0.1%。从上海来看,2020 年前 3 季度 GDP 实际增速同期下降 0.3%,降幅比上半年收窄 2.3 个百分点。其中,第一产业增加值实际增速下降 18.0%,第二产业增加值下降 2.9%,降幅比上半年收窄 5.3 个百分点,第三产业增加值由上半年下降 0.6% 转为增长 0.7%。三次产业增加值占地区生产总值的比重分别为 0.2%、25.7% 和 74.1%。从深圳来看,2020 年前 3 季度 GDP 实际增速同比增长 2.6%。其中,第一产业增加值同比下降 4.3%,第二产业增加值同比增长 1.0%,第三产业增加值同比增长 3.6%。三次产业结构为 0.1∶36.9∶63.0。从杭州来看,2020 年前 3 季度 GDP 实际增速同比增长 3.2%。其中,第一产业增加值同比增长 0.1%;第二产业增加值同比增长 1.0%;第三产业增加值同比增长 4.6%。从重庆来看,2020 年前 3 季度 GDP 实际增速同比增长 2.6%。其中,第一产业实现增加值同比增长 3.9%;第二产业实现增加值同比增长 3.9%;第三产业实现增加值同比增长 1.2%。从南京来看,2020 年前 3 季度 GDP 实际增速同比增长 3.3%。分产业看第一产业增加值同比增长 0.3%;第二产业增加值同比增长 3.2%;第三产业增加值同比增长 3.5%。表 1 显示了前 3 季度 GDP 全国城市十强排名。

表 1   2020 年前 3 季度 GDP 全国城市十强排名

城市	前 3 季度 GDP(亿元)	同比增速(%)
上海	27 301.99	−0.3
北京	25 759.50	0.1
深圳	19 786.98	2.6
重庆	17 707.10	2.6

续表

城市	前 3 季度 GDP（亿元）	同比增速（%）
广州	17 475.86	1.0
苏州	14 208.19	2.4
成都	12 876.53	2.6
杭州	11 567.31	3.2
南京	10 601.61	3.3
武汉	10 519.70	−10.4

　　由此可以看出的基本规律是：一方面，凡是在第二产业占 GDP 的比重尚未超过 65% 的重点城市地区中，第二产业的恢复性增长必然带来第三产业的恢复性增长，二者呈现出相互支撑式的恢复性增长态势；另一方面，在第三产业增加值占 GDP 的比重超过 75% 的北京和上海这样的超大城市地区中，第二产业和第三产业之间相互支撑式恢复增长态势难以形成，主要特征是第二产业特别是以制造业为主的实体经济部门发展不足，导致了第三产业恢复能力弱化，并且深圳也逐步出现了这种苗头。

　　第二，高端制造业恢复能力显著，而旅游、文化和生活相关服务业恢复能力相对延迟。

　　首先，第三产业部门中的生产性服务业呈现逆势加速增长态势。2020 年前 3 季度，北京市信息传输、软件和信息技术服务业增加值实际增速同比增长 12.9%，增速比上半年提高 4.6 个百分点。金融业增长 7.0%，增速提高 1.3 个百分点。两个行业占 GDP 的比重为 35.8%，对北京经济发挥了极为重要的支撑作用。此外，科学研究和技术服务业由降转增，实现增加值增长 0.1%。无独有偶，与此类似的是，上海市

2020 年前 3 季度，信息传输、软件和信息技术服务业增加值比去年同期增长 15.1%，增速比上半年提高 1.6 个百分点；金融业增加值增长 7.9%，增速提高 0.5 个百分点。

其次，高新技术产业和战略性新兴产业均呈现加速恢复性增长态势。2020 年 1—3 季度，规模以上工业增加值实际增速同比下降 0.1%，降幅比上半年收窄 3.6 个百分点，其中 3 季度增长 6.7%。但是高端产业持续发力，高技术制造业增加值增长 5.3%，增速比上半年提高 2.1 个百分点。战略性新兴产业增加值由上半年下降 1.1% 转为增长 4.7%。在重点行业中，计算机、通信和其他电子设备制造业增长 16.9%，增速比上半年提高 1.7 个百分点；汽车制造业由上半年下降 3.2% 转为增长 2.5%；医药制造业下降 2.3%，降幅比上半年收窄 2.1 个百分点。

与此类似的现象是，上海市 2020 年前 3 季度，战略性新兴产业总产值比去年同期增长 7.9%，增速比上半年提高 2.4 个百分点。其中，新能源汽车产值增长 1.4 倍，新能源、新材料和新一代信息技术产值分别增长 16.4%、9.6% 和 8.4%。电子信息产品制造业产值增长 6.3%，而汽车制造业产值增长 0.8%，石油化工及精细化工制造业产值下降 1.1%，精品钢材制造业产值下降 4.5%，成套设备制造业产值下降 2.1%，生物医药制造业产值增长 0.8%。

最后，与旅游和生活相关的服务业部门延迟性恢复态势非常明显，部分新兴服务业呈现逆势增长态势。2020 年 1—3 季度，北京市批发和零售业实现增加值实际增速同比下降 8.7%，降幅比上半年收窄 1.4 个百分点；交通运输、仓储和邮政业实现增加值下降 13.1%，降幅收窄

0.5 个百分点。与此呈现出相同发展规律的是，2020 年 1—3 季度，上海市批发和零售业增加值下降 6.9%，降幅收窄 2.5 个百分点；交通运输、仓储和邮政业增加值下降 11.1%，降幅收窄 2.9 个百分点；房地产业增加值下降 0.3%，降幅收窄 0.5 个百分点。

针对北京和上海共同呈现出的不同产业之间恢复能力的差异性和不平衡性特征，由此需要重视的基本发展规律是，针对超大城市地区而言，经济结构的"软化"特征必然带来经济增长内生动力的脆弱性问题，因而，"十四五"期间，将高端制造业增加值占 GDP 的比重提高到 15% 以上是极有价值的发展目标，必须坚决执行和全面落实。

（3）中国经济正在全面转入内需驱动型发展阶段，内需对北京这样的超大消费型城市经济增长的决定性作用日益凸显。在全国各省份的需求侧加速恢复的情形下，北京消费能力的恢复仍然相对滞后。客观事实是，需求能力不足已成为导致北京 2020 年经济延迟恢复的主要因素，也是决定 2021 年北京经济能否尽快进入正常发展轨道的关键因素。

首先，北京消费恢复能力整体上仍然表现出相对较弱的态势，消费恢复能力以及未来扩张潜力已经成为影响今后一段时期内北京经济能否恢复到正常轨道的关键因素之一。重要的现象是，北京在第 3 季度呈现出恢复能力相对弱化的态势，预测北京消费恢复能力可能在 2021 年第 2 季度得到相对恢复。而且，北京有可能出现消费能力长期不足的重大现象。2020 年 1—3 季度，北京市场总消费额同比下降 10.3%，降幅比上半年收窄 2.7 个百分点。其中，服务性消费下降 7.7%，降幅收窄 2.3 个百分点。实现社会消费品零售总额 9 390.1 亿元，下降 13.1%，降幅收窄 3.2 个百分点。在社会消费品零售总额中，商品零售额 8 821.5 亿元，下降 10.8%，降幅收窄 2.8 个百分点；餐饮收入 568.5 亿元，下降 37.7%，降幅收窄 8.5 个百分点。

北京新业态、新模式在疫情冲击下表现相对活跃。网上零售增势良好，限额以上批发和零售业、住宿和餐饮业实现网上零售额 2 933.1 亿元，同比增长 25.3%。分商品类别看，饮料类、通讯器材类、体育娱乐用品类、粮油食品类及家用电器和音像器材类零售额分别增长 44.8%、33.6%、18.0%、8.2%和 3.5%。对此，我们担心的问题是，在新冠疫情的冲击下，类似北京这样的消费型超大城市地区有可能发生消费者行为模式改变的现象，促使消费者形成对网络消费模式的依赖，从而对北京传统服务业发展产生持续性冲击，进而削弱北京生活性服务业、旅游服务业、文化服务业的竞争优势和全国市场份额。

其次，2020 年前 3 季度，北京需求-供给缺口在全国各省份中位于排名靠后地位，既反映出北京经济需求延迟恢复现象异常突出，也反映出需求-供给角度的双重延迟恢复现象可能非常突出。北京层面的需求-供给缺口指标（计算方法为社会消费品零售总额增速和 GDP 实际增速的差距）为 -10.4%（=-10.3%-0.1%）。对比来看，2020 年 1—3 季度全国层面需求-供给缺口指标为 -7.9%（=-7.2%-0.7%）。

对比上海的统计数据来看，前 3 季度上海层面的需求-供给缺口指标为 -4.3%[=-4.6%-(-0.3%)]。从 2020 年逐月的社会消费品零售总额同比增速来看，上海地区的社会消费品零售总额同比增速在 5 月份就由负转正，5 月、6 月、7 月、8 月和 9 月的同比增速分别为

0.6%、0.5%、5.9%、11.5%和 9.2%。而北京地区的社会消费品零售总额同比增速在 1—9 月份不仅始终没有由负转正，而且出现了在 5—9 月的负增长徘徊态势（见图 3），由负转正的机会时点可能会延续到 2021 年第 1 季度。

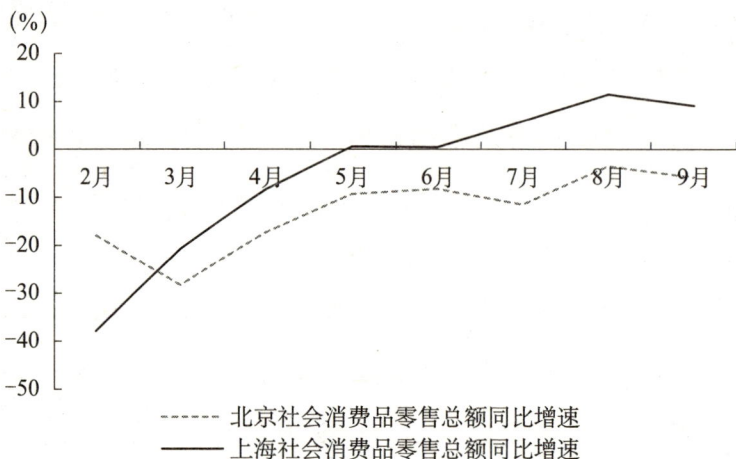

图 3　2020 年 2—9 月北京和上海的社会消费品零售总额同比增速

　　我们对此现象的解释是：一方面，北京在推进一般制造业疏解离京出京的前提下，很有可能造成北京打工人口数量的绝对收缩，从而导致就业人口减少引发的消费能力不足，这种影响对北京而言必定是持久性的，有可能会造成北京内源性消费增长动力的长期乏力；另一方面，在全球新冠疫情冲击之下，来北京的国外游客和国内游客数量大幅度下滑，导致了北京外源性消费增长动力的长期乏力。然而，上海地区也是国外和国内游客的重要集聚地之一，而上海地区在 2020 年 5 月社会消费品零售总额同比增速的由负转正以及后续的正增长态势说明导致北京消费能力不足的原因很有可能在于第一点，这需要引起北京最高决策层的高度关注。

（4）北京的固定资产投资在不同产业部门出现了显著分化现象。当前的投资增速特别是投资结构，对北京今后经济恢复能力和高质量增长能力具有决定性的基础作用。2020 年北京的投资变化结构呈现有喜有忧的格局，要高度关注高质量投资动力仍然处于相对支撑份额不足的重要事实。

从北京层面来看，值得重点关注的是，2020 年 1—3 季度，北京市固定资产投资（不含农户）同比增长 1.8%，增速比上半年提高 3.3 个百分点。具体来看，出现好苗头的领域在于，第二产业投资增长46.0%，其中高技术制造业投资增长 1.3 倍；第三产业中的高技术服务业投资增长 22.3%，教育、卫生等民生领域投资分别增长 43.4% 和28.2%，房地产开发投资增长 6.5%，增速提高 2.5 个百分点。出现问题的领域在于，第一产业投资下降 17.1%；第三产业投资下降 0.1%；基础设施投资下降 19.4%，降幅收窄 0.7 个百分点。

从全国各省区市的固定资产投资数据来看，2020 年前 3 季度，全国固定资产投资（不含农户）同比增长 0.8%，增速年内首次由负转正，上半年为下降 3.1%。从环比看，9 月份固定资产投资（不含农户）比上月增长 3.37%。分领域看，基础设施投资增长 0.2%，增速年内首次由负转正，上半年为下降 2.7%；制造业投资下降 6.5%，降幅比上半年收窄 5.2 个百分点；房地产开发投资增长 5.6%，增速比上半年提高 3.7 个百分点。分产业看，第一产业投资增长 14.5%，增速比上半年提高 10.7 个百分点；第二产业投资下降 3.4%，降幅比上半年收窄

4.9 个百分点;第三产业投资增长 2.3%,上半年为下降 1.0%。民间投资 243 998 亿元,比上半年下降 1.5%,降幅比上半年收窄 5.8 个百分点。高技术产业投资增长 9.1%,增速比上半年提高 2.8 个百分点;其中高技术制造业和高技术服务业投资分别增长 9.3% 和 8.7%。在高技术制造业中,医药制造业、计算机及办公设备制造业投资分别增长 21.2%、9.3%;在高技术服务业中,电子商务服务业、信息服务业、科技成果转化服务业投资分别增长 20.4%、16.9%、16.8%。社会领域投资增长 9.2%,增速比上半年提高 3.9 个百分点;其中卫生、教育投资分别增长 20.3%、12.7%,增速分别比上半年提高 5.1 个、1.9 个百分点。

从上海地区的固定资产投资数据来看,前 3 季度,上海市固定资产投资总额比去年同期增长 10.3%,增速比上半年提高 3.6 个百分点。分领域看,工业投资增长 15.4%,增速比上半年提高 0.4 个百分点;房地产开发投资增长 10.0%,增速提高 3.0 个百分点;城市基础设施投资增长 5.4%,增速提高 3.2 个百分点。前 3 季度,上海市制造业投资比去年同期增长 18.7%。六个重点工业行业投资增长 31.2%,其中,电子信息产品制造业投资增长 74.1%,生物医药制造业投资增长 15.2%,汽车制造业投资增长 13.4%。

对比来看,一方面,2020 年前 3 季度北京的固定资产投资增速位于全国相对靠后行列(见表 2),成为阻碍北京经济高质量发展的核心因素,必须找准短板、对症施药,加以高度重视和全面解决;另一方面,从主要产业部门角度来看,北京的投资动力已经全面落后于上海。

特别是上海着重在高端制造业和先进制造业方面的固定资产投资的全面发力和加速态势，意味着上海地区的后续经济高质量动力非常强劲，税收保障更加牢靠，全要素生产率和劳动生产率增长基础更加坚实，居民可支配收入增长动力可持续能力愈加突出。事实上，北京和上海均定位为全球有影响力的科技创新中心，北京的优势在于基础研究和原始创新方面的综合实力，而上海则在于应用基础研究和产业化、工程化、商业化创新方面的综合实力，二者在创新链、产业链、供应链和价值链体系方面有一定的分工定位。然而，上海地区在应用基础研究和产业化、工程化、商业化创新方面具备的综合实力，必然导致上海地区向基础研究和原始创新方面的综合实力提升方面的延伸和强化，这就对北京的经济高质量发展带来巨大的竞争压力和挑战。

更为值得关注的是，上海在新基建方面的投资动力也抢先恢复，可能会拉低与北京营商环境的差距，更有利于上海优先发展成为全球有影响力的科技创新中心，从而对将北京打造成为全球有影响力的科技创新中心形成直接竞争效应甚至挤出和替代效应。

表 2　2020 年前 3 季度各省区市固定资产投资增速

地区	增速（%）	排名
新疆	17.3	1
上海	10.3	2
山西	9.5	3
吉林	8.9	4
海南	8.4	5
江西	7.3	6
西藏	6.6	7

续表

地区	增速（%）	排名
甘肃	6.5	8
湖南	6.5	8
云南	6.5	8
广东	5.0	11
浙江	4.3	12
陕西	3.9	13
河南	3.6	14
山东	2.7	15
宁夏	2.6	16
重庆	2.5	17
安徽	2.4	18
四川	2.2	19
广西	2.1	20
黑龙江	2.1	20
北京	1.8	22
河北	1.7	23
福建	1.4	24
天津	1.3	25
贵州	1.0	26
辽宁	0.1	27
青海	−1.3	28
江苏	−1.7	29
内蒙古	−7.7	30
湖北	−33.9	31

图表制作：秦岭智库。
资料来源：各省统计局官方网站。

（5）北京 2020 年上半年居民可支配收入增长基础仍然相对比较坚

实，但是，居民可支配收入的增长并未有效支撑北京消费能力的提升，而且，北京居民可支配收入可持续增长也面临关键产业发展能力不足带来支撑不足的问题。

首先，从北京 2020 年 1—3 季度的统计数据来看，北京居民人均可支配收入 51 772 元（见图 4），同比增长 2.4%，扣除价格因素实际增长 0.2%，比上半年提高 0.9 个百分点。与全国层面的统计数据对比来看，前 3 季度，全国居民人均可支配收入 23 781 元，同比名义增长 3.9%，扣除价格因素实际增长 0.6%，年内首次转正。从与上海相比来看，前 3 季度，上海居民人均可支配收入比去年同期增长 3.5%。分城乡看，上海城镇常住居民人均可支配收入增长 3.3%；上海农村常住居民人均可支配收入增长 4.5%。扣除价格因素后以上三项的实际值分别是 −0.1%、−0.3% 和 0.9%。

由此可以看出的事实是，一方面，北京居民人均可支配收入增长仍然具有坚实的基础；另一方面，北京居民人均可支配收入的增长态势已经低于全国平均水平，这可能与北京居民人均可支配收入的基数效应较大有关。

其次，从北京居民可支配收入的结构角度来看，呈现四项收入"三升一降"特征。工资性收入同比增长 0.8%，转移净收入同比增长 10.3%，财产净收入同比增长 2.9%，经营净收入同比下降 33.3%。可以看出的基本事实是，首都北京城镇居民的各种收入受到相对较大程度的负面冲击，尤其是居民经营收入受到的负面冲击更为显著，这必然会抑制北京今后一段时期内的高端消费需求和奢侈型消费需求。

单位：元

NO.1	上海	54 126
NO.2	北京	51 772
NO.3	浙江	40 121
	天津	34 469
	江苏	32 667
	广东	32 034
	福建	28 771
	山东	24 920
	辽宁	24 640
	重庆	23 539
	内蒙古	22 944
	安徽	20 930
	湖南	20 731
	海南	20 670
	河北	19 797
	江西	19 790
	陕西	19 694
	四川	19 606
	湖北	19 454
	吉林	18 416
	山西	18 159
	广西	18 026
	宁夏	17 614
	河南	17 538
	黑龙江	17 077
	青海	16 844
	云南	16 407
	贵州	15 652
	西藏	14 818
	甘肃	14 507
	新疆	14 230

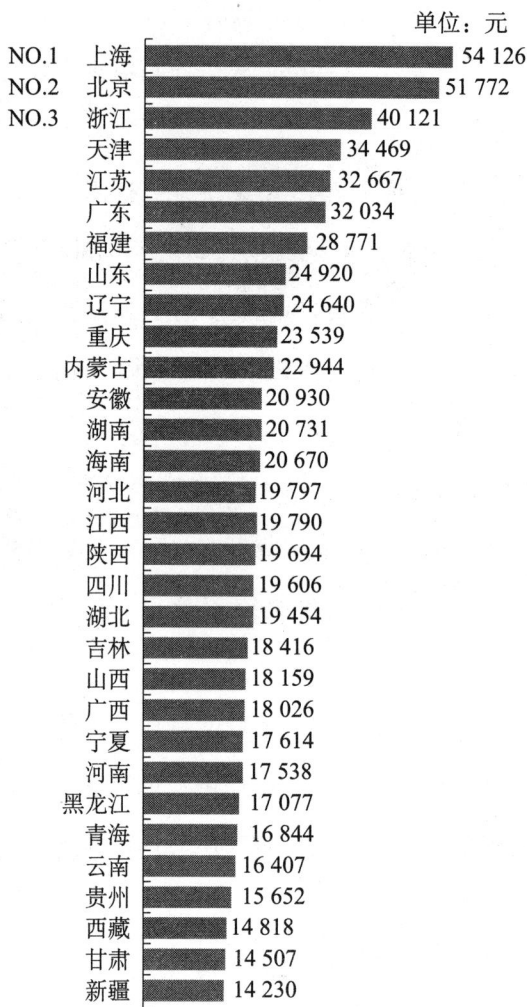

图 4　2020 年前 3 季度 31 个省份居民人均可支配收入排名

资料来源：国家统计局。

最后，与其他省份或主要城市相比，2020 年前 3 季度北京居民人均可支配收入名义同比增速为 2.4%，既显著落后于上海的 3.5%、重庆的 6.5%、天津的 2.5%，也明显落后于江苏的 4.0%、浙江的

4.1%、广东的 4.2%。这就意味着北京的经济高质量发展支撑核心高精尖产业动力不足问题可能已经较为显著地影响到北京居民可支配收入的可持续增长动力机制。2021—2035 年，中国正在进入中等收入群体快速扩张和居民可支配收入至少翻一番的特定发展阶段，因此，要高度重视北京居民可支配收入增长动力不足和核心产业支撑能力不足的重大问题。

（6）北京居民消费价格指数涨幅在 7 月呈现企稳小幅反弹现象，表明第 3 季度的北京消费能力得到有效恢复。而生产价格延续下降态势，说明北京多数生产企业部门均处于供给大于需求的态势，恢复能力存在一定的问题。

2020 年前 3 季度，北京居民消费价格指数同比上涨 2.2%。其中，消费品价格上涨 2.8%，服务价格上涨 1.4%。9 月份，居民消费价格指数同比上涨 1.0%，涨幅比上月小幅提高 0.1 个百分点；环比上涨 0.2%（见图 5）。与全国数据相比，可以看出，在 2020 年 1—9 月间，全国居民消费价格指数基本呈现逐月下降态势（见图 6），而同期北京居民消费价格指数在 1—7 月呈现逐月下降态势，在 7 月之后呈现稳步性的小幅度增长态势。这就说明，在 7 月之后，北京消费能力的恢复态势得到加强。

2020 年前 3 季度，北京市八大类商品和服务项目价格"四升四降"。食品和烟酒类价格上涨 7.1%，教育文化和娱乐类价格上涨 2.6%，医疗保健类价格上涨 7.0%，其他用品和服务类价格上涨 8.4%，衣着类价格下降 0.3%，居住类价格下降 0.9%，生活用品及服务类价格下降 0.1%，交通和通信类价格下降 4.5%。这种消费价格的

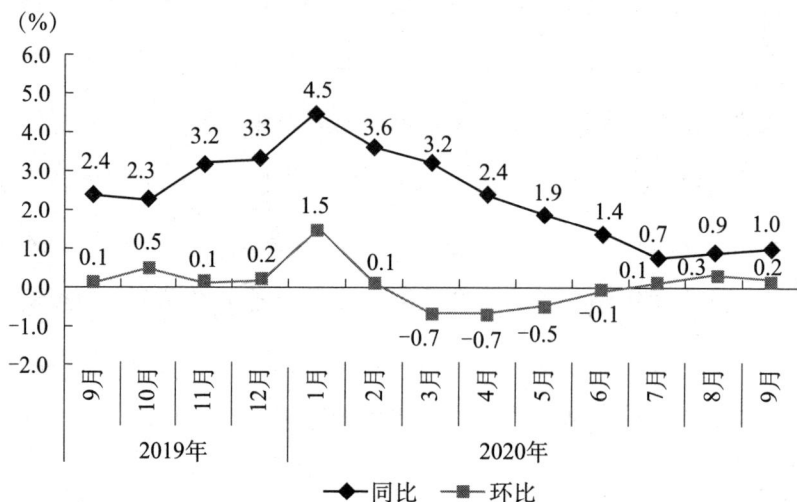

图 5　北京居民消费价格指数涨跌幅

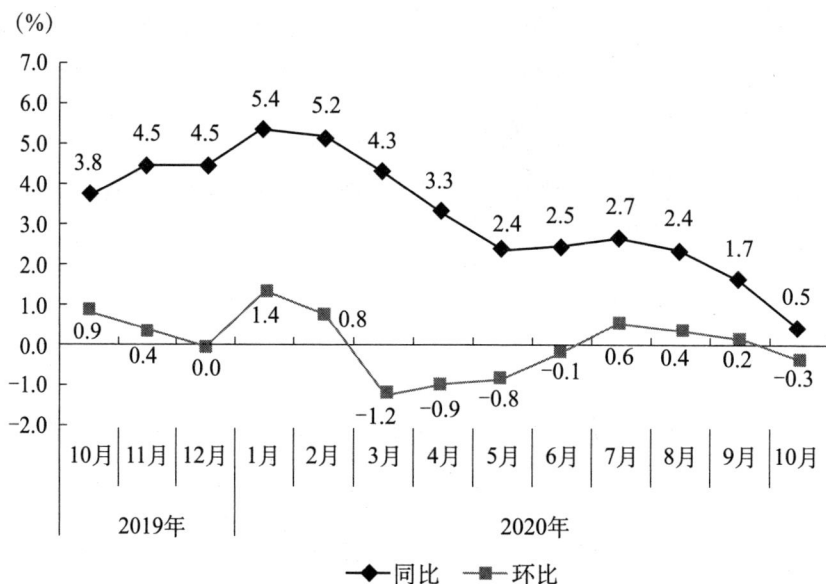

图 6　全国居民消费价格指数涨跌幅

结构性变化特征可能说明，北京就业人口的绝对收缩是造成衣着类价格、居住类价格、生活用品及服务类价格、交通和通信类价格下降的主要因素。

2020 年 1—3 季度，北京市工业生产者出厂价格同比下降 0.8%，购进价格同比下降 1.0%。9 月份，工业生产者出厂价格同比下降 1.2%，环比上涨 0.1%（见图 7）；购进价格同比上涨 0.1%，环比上涨 0.1%。与全国数据相比（见图 8），可以看出的基本事实是，北京市供给侧部门供需关系的改善和好转程度要高于全国总体状态，表明北京的高精尖产业体系具有一定的市场竞争优势。

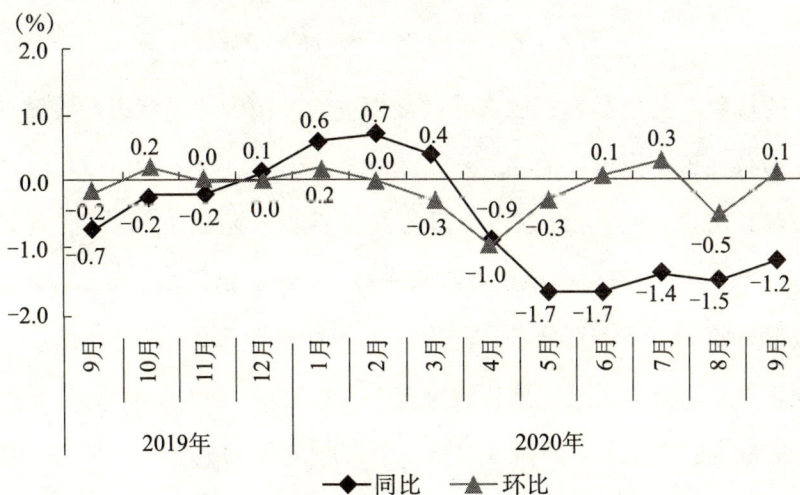

图 7　北京市工业生产者出厂价格涨跌幅

（7）需要再次强调的客观事实是，北京财政收入压力自从 2018 年开始实施疏解整治促提升政策就逐步显现，只是在 2020 年新冠疫情的冲击下凸显而已。北京财政收支压力是实施减量发展战略过程中必然会

(%)

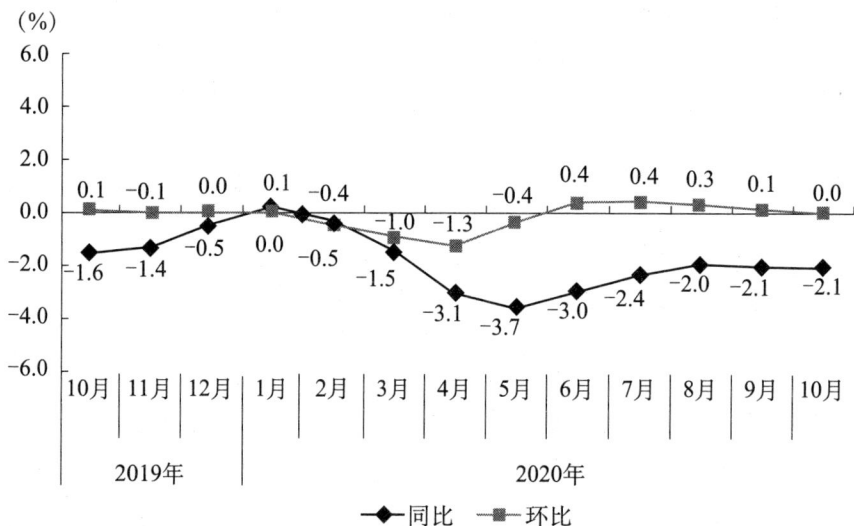

图8 全国工业生产者出厂价格涨跌幅

发生的现象，其也会随着经济结构全面进入高精尖体系状态而缓解和消失，不必在短期内过度关注。

2020年1—9月，北京市一般公共预算收入完成4 049.1亿元，下降10.3%。1—9月，全市税收收入完成3 380.5亿元，下降8.3%，降幅较上月收窄1.2个百分点。税收收入当月增长7.2%，已连续2个月实现正增长。分税种看，增值税完成1 180亿元，下降15.8%。企业所得税完成943.7亿元，下降7.3%。个人所得税完成456.1亿元，增长10.6%，这主要是由于个税新政进入可比期及居民收入增长的带动。2020年1—9月，北京市非税收入完成668.6亿元，下降19.2%，主要是涉企收费持续下降，企业负担持续减轻。

2020年1—9月，北京市一般公共预算支出完成5 304亿元，下降4.2%，较1—8月降幅收窄1.2个百分点。从支出结构看，社会保障和就业支出增长 19.9%；卫生健康支出增长 15.9%；灾害防治及应急管理支出增长 17.7%；商业服务业等支出完成 21 亿元，增长 21.6%，主要是由于为促进疫情后市场加速恢复、拉动和促进消费，向社会发放消费券。

此外，前期受疫情影响支出缓慢的领域出现恢复性增长，如随着学校恢复教学，教育支出 1—9 月完成 746 亿元，下降 0.8%，降幅较 1—8 月收窄 5.7 个百分点。

(8) 北京企业创新研发投入动力呈现逆势增长的新态势。然而，其中暴露出的重要问题是，北京软件和信息技术服务业的研发投入转化为产业和产品的能力相对较弱，而工业部门能够更好地将有限的企业研发投入转化为新产品销售收入，表明了工业部门的研发投入对产业和产品的极端重要性。

2020 年 1—8 月，从大中型企业角度来看，大中型企业研发投入达到 1 500.8 亿元，同比增长 17.6%。其中，内资、港澳台和外商投资型的大中型企业研发投入分别为 881.8 亿元、410.1 亿元和 208.8 亿元，同比增速分别为 11.4%、38.7% 和 10.6%。工业，信息传输、软件和信息技术服务业，以及科学研究和技术服务业中的大中型企业研发投入分别为 228.5 亿元、1 109.0 亿元和 208.8 亿元，同比增速分别为 0.2%、24.0% 和 −1.8%。

与此同时，大中型企业新产品销售收入达到 2 495.2 亿元，同比下降 9.7%。其中，内资、港澳台和外商投资型的大中型企业新产品销售收入额分别为 1 320.0 亿元、756.6 亿元和 418.7 亿元，同比增速分别为 2.1％、5.2％和－44.3％。工业，信息传输、软件和信息技术服务业，以及科学研究和技术服务业中的大中型企业新产品销售收入额分别为 2 107.9 亿元、223.8 亿元和 163.5 亿元，同比增速分别为－10.5％、－13.5％和－8.5％。

由以上数据可以看出的重要问题是，在北京既有的偏向于信息传输、软件和信息技术服务业的"软经济"形态的产业结构前提下，一方面，信息传输、软件和信息技术服务业研发投入增速高达 24.0％，但是，新产品销售收入额同比增速却为－13.5％。这种研发投入和新产品销售收入额的严重不对称现象表明北京信息传输、软件和信息技术服务业的研发投入转化为产业和产品的能力相对较弱。另一方面，工业部门中的大中型企业研究开发投入只有区区 228.5 亿元，约为信息传输、软件和信息技术服务业的 20.60％，同比增速也只有 0.2％，然而，工业部门中的大中型企业新产品销售收入高达 2 107.9 亿元，是信息传输、软件和信息技术服务业新产品销售收入的 941.87％。这种严重的不对称现象背后说明的事实是，工业部门能够更好地将有限的企业研发投入转化为新产品销售收入，表明了工业部门中的研发投入对产业和产品的极端重要性。

二、 北京在"十四五"期间可能遇到的重大发展困局与破解思路

根据 2020 年前 3 季度北京各项核心宏观经济指标的变化趋势，及

其背后所逐步暴露出的一系列深层次现象或问题，北京在即将进入第二个百年征程的"十四五"规划开局之年时期，在落实减量发展、高质量发展和创新引领发展过程中，可能面临重要的发展方向调整、解决重大发展障碍以及发现其背后蕴含的重要改革突破口的挑战，必须有高度的前瞻性、系统性的战略判断和科学认识。

在我们看来，2020 年北京经济恢复能力尚未达到理想预期状态既是北京作为国家政治中心和国际文化交流中心，严格防范和化解全球新冠疫情的举措所带来的必然后果，又与北京在实施减量发展、高质量发展和创新引领发展过程中，高端制造业增加值在 GDP 中的比重相对过低，能够支撑国家产业链、供应链和创新链安全的关键核心技术创新领域有重大突破的国家战略科技力量相对不足，主导"国内大循环体系"的产业链、供应链现代化水平相对不高，战略性新兴产业主导的现代产业体系发展不充分，具有国际竞争力的数字产业集群尚未形成等方面表现出的一系列经济增长内生型动力机制不足等重要因素密切相关。

简而言之，北京已经没有必要再去纠结 2020 年的短期经济增长能否实现 6% 左右的既定目标，或者继续纠缠于 2020 年第 4 季度增长目标高低的问题，而是需要彻底转换发展思维和全面激发发展智慧，重点谋划和加快布局维持"十四五"期间乃至 2035 年远景展望期间北京经济高质量发展的重要支撑点以及改革突破口。

第一，能否切实落实高端制造业增加值占 GDP 的比重的较大幅度提升，是决定北京在今后 2021—2035 年期间人均 GDP 水平能否翻一番的关键途径。

　　当前北京经济发展过程中暴露出的一个最为重要的制约因素，就是以战略性新兴产业为主的高端制造业增加值占 GDP 的比重相对过低的问题。按照以往的发展思路，北京强调总部经济的发展模式，试图以央企或跨国企业主导的总部经济来化解集中发展制造业可能带来的一系列大城市病弊端。然而，在北京的人均 GDP 水平尚未达到主要发达国家平均水平，与主要发达国家首都经济圈的人均 GDP 水平落后差距仍然巨大的情形下，仅仅依靠人力资本密集型的信息传输、软件和信息技术服务业，金融业，以及科学研究和技术服务业这三大服务业（2020 年前 3 季度这三大产业增加值占 GDP 的比重已经高达 45% 左右），从根本上难以再将北京的人均 GDP 水平从 2019 年约 2.4 万美元，全员劳动生产率超过 26.5 万元/人，提高到 2035 年人均 GDP 水平 5 万美元和全员劳动生产率 55 万元/人的既定发展目标。而且，在我们看来，作为伟大社会主义国家的首都，2035 年实现人均 GDP 水平 5 万美元和全员劳动生产率 55 万元/人的既定发展目标是下限目标，必须在政治任务的高度坚决实现，不能有丝毫的打折扣和畏难情绪。

　　从日本、韩国等国家的发展经验来看，促使首都经济圈的人均 GDP 水平率先达到主要发达国家平均水平的根本途径，就在于有效利用首都经济圈的创新、人才和信息集聚优势，优先布局战略性新兴产业和高端制造业的产业链体系。这说明的基本规律就是，只有持续发展壮大战略性新兴产业和高端制造业的产业链体系，以及由此拉动和催生出来的创新链体系和高端生产性服务业体系，才是推动人均 GDP 水平持续增长和翻番的唯一发展路径。若北京仅仅试图依靠脱离本地实体经济部门发展需求的人力资本密集型的信息传输、软件和信息技术服务业，金融业，科学研究和技术服务业这三大服务业来支撑经济的可持续发展，则绝不存在促使北京人均 GDP 水平从 2019 年约 2.4 万美元提升到 2035 年 5 万美元以上的发展空间和机会。因此，从这种客观发展规律的角度来看，北京要在 2035 年实现人均 GDP 水平 5 万美元和全员劳动生产率 55 万元/人的既定发展目标，必须全力借助战略性新兴产业和高端制造业在首都主导的京津冀经济圈和京津冀产业协同发展带的范围内加以布局。《中共中央关于制定国民经济和社会发展第十四个五年规划和二〇三五年远景目标的建议》中强调，保持制造业比重基本稳定，巩固壮大实体经济根基。坚持自主可控、安全高效，分行业做好供应链战略设计和精准施策，推动全产业链优化升级。将之精神落实到北京层面，就是全面贯彻在"十四五"期间将高端制造业增加值占 GDP 的比重提高到 15％的既定目标，同时，可考虑设定在 2035 年将高端制造业增加值占 GDP 的比重稳定在 20％的既定发展目标。

第二，能否在制约中国产业链、供应链和创新链的国家安全的关键核心技术创新领域，发挥主动实现重大突破的核心作用以及优先布局相关的产业体系特别是核心制造业体系，是实现北京在"十四五"期间乃至 2035 年远景目标期间，彻底建成具有全球影响力的科技创新中心战略定位的关键手段。

当前能否在关键核心技术创新领域实现重大突破、全面突破，是中国既定的"十四五"规划乃至 2035 年发展目标的核心组成部分。党的十九届五中全会审议通过的《中共中央关于制定国民经济和社会发展第十四个五年规划和二〇三五年远景目标的建议》指出，"坚持创新在我国现代化建设全局中的核心地位，把科技自立自强作为国家发展的战略支撑"，同时强调"关键核心技术实现重大突破，进入创新型国家前列"，这是 2021—2035 年期间必须实现的既定发展目标。客观事实是，中国在重点产业链和战略性新兴产业领域的关键核心技术创新，是否具备持续性的、系统性的、重点性的自主突破能力，既是保证中国产业体系特别是制造业体系能否具备全球竞争优势的根本性因素，也是体现中国的本土企业特别是本土跨国企业和国家创新体系是否具备全球领先优势、前沿优势的基础性因素。换言之，中国在当前和未来的重点产业链和战略性新兴产业中的关键核心技术创新方面实现全面突破的能力，既是中国经济实力大幅度提升的根本途径，也是保持中国科技实力大幅度提升的基础性前提条件。并且，中国既定的 2035 年远景展望发展目标对中国当前的重点产业链以及未来的战略性新兴产业体系中的 35 项"卡脖子""牛鼻子"式的关键核心技术创新问题的全面突破给出了至多 15 年的刚性约束时间。从中国当前正面临的国内外错综复杂的经济发展挑战和风险角度来看，中国对当前和未来重点产业链和战略性新兴产业体系中的关键核心技术创新问题的全面突破有着紧迫的时间要求，有些产业领域的问题需要在 2～5 年内加以全面解决，有些产业领域的问题则要在 5～10 年内加以全面解决。而有些未来的战略性新兴产业则需要从基础研究环节发力，提前 10～15 年做前瞻性的战略谋划和布局，才有可能获得先发优势。

中国当前所面临的"卡脖子"式的关键核心技术创新困局形成的内

在特征不仅是某个单个企业的自主创新能力相对滞后,更在于关键核心技术创新产品的整个产品链、创新链体系的整体实力相对落后。即便某个产品环节得到了突破和解决,但是其他的相关核心零配件、关键材料或关键生产设备的供给能力不足,也会极大地制约中国当前所面临的"卡脖子"式的关键核心技术创新问题的全面解决。中国的高精度国产光刻机的难产,核心阻碍恰恰就在于此弊端。当务之急,可行途径是必须高度重视中国当前所面临的 35 项"卡脖子"式的关键核心技术创新产品的产品链、创新链的协同性、系统性的突破能力,尽快从这些重点产品的全局产品链、供应链、创新链、价值链体系的优势地位角度加以科学谋划布局。同时,针对中国短期之内难以生产的核心环节的核心零配件、关键材料或关键生产设备,仍然可以通过除美国之外的全球化供应链体系加以解决。要正确判断韩国、德国、日本等发达国家,基于中国现在和未来的巨人市场利益原则,在中国当前所面临的"卡脖子"式的关键核心技术创新领域,与中国构建局部的一体化供应链体系的内在意愿。

北京作为全球有影响力的科技创新中心的战略定位,根本目标就是要成为全国乃至全球基础研究的发源地、原始创新的策源地,成为颠覆性技术创新的示范者、关键核心技术创新的引领者。因此,北京义不容辞的发展任务是,必须将北京在全国领先的科研机构、高等院校和国内外高端创新人力集聚高地的核心优势资源充分整合起来,组建专业化团队来集中攻关制约当前和未来中国产业链、供应链、创新链国家安全的关键核心技术创新领域的重大全面突破。事实上,北京必须在影响国家安全的关键核心技术创新领域的重大全面突破中起到主导性的作用，特别是要在中国当前所面临的 35 项"卡脖子"式的关键核心技术创新领域的产品链、创新链的协同性、系统性突破能力方面起到主导作用，尽快从制约这些重点产品的全局产品链、供应链、创新链、价值链体系中的基础研究、关键生产设备、关键零配件、关键材料和关键工艺等核心方面重点突破。

第三，能否在北京自由贸易试验区的"1＋3"政策文件的指导和激励下，在"十四五"期间构建数字经济和数字贸易的策源地和研发中心，是决定北京能否以及如何有效切入国内大循环体系，主导京津冀地区内的区域性循环体系，影响国内国际双循环相互促进体系的重要抓手。

首先，新型基础设施对中国推动以全球数字经济和数字贸易为主导的新发展优势和新国际竞争优势至关重要，北京必须在"十四五"期间全面规划和计划可持续的巨额资金投入，重点打造和建设全球领先甚至超前的新型基础设施，将之作为"十四五"期间北京的核心发展任务。一方面，支撑数字经济和数字贸易的新型基础设施的发展重点，主要体现在第五代移动通信、工业互联网、大数据中心等方面的全面建设。而针对第五代（第六代）移动通信、工业互联网、大数据中心等领域，自身就需要强大的研发和生产制造能力，北京不能仅仅定位为新型基础设施的使用者，更应定位为新型基础设施的研发者和制造者。另一方面，必须在北京地区乃至京津冀区域内，优先布局和建设统一的数字社会、数字政府建设，提升公共服务、社会治理等数字化、智能化水平。

其次，北京必须在布局打造具有国际竞争力的数字产业集群方面有所作为、有所突破。北京在人力资本密集型的信息传输、软件和信息技术服务业，金融业，以及科学研究和技术服务业这三大服务业所累积的综合优势，对推进北京加快建设成为第五代（第六代）移动通信、工业互联网、大数据中心等领域主导的研发和生产制造基地具有重要的领先优势。因此，在"十四五"期间，北京可以将发展数字经济，推进数字产业化和产业数字化，推动数字经济和实体经济深度融合，打造具有国际竞争力的数字产业集群，作为重要的发展任务。

最后，北京已经初步具备了构建全球数字经济和数字贸易的策源地和研发中心的综合实力和基础条件。2020 年 9 月国家层面持续推出的北京自由贸易试验区建设目标以及相关的"1＋3"政策文件，为在"十四五"期间北京构建全球数字经济和数字贸易的策源地和研发中心奠定了坚实的基础条件和政策优势。为此，北京必须建立数据资源产权、交易流通、跨境传输和安全保护等方面的基础制度和标准规范，推动数据资源开发利用；扩大基础公共信息数据有序开放，建设国家数据统一共享开放平台；保障国家数据安全，加强个人信息保护；提升全民数字技能，实现信息服务全覆盖，积极参与数字领域国际规则和标准的制定，抢先布局，优先谋划，成为全球的主导者。

第四，北京必须在"十四五"期间将自身的综合创新优势集中转化和体现在落实国家战略科技力量的主动作为和主动引领能力上。与上海、粤港澳大湾区的全球有影响力的科技创新中心定位有差异性的定位是，北京既要成为和夯实全球基础研究、原始创新和应用基础研究领域全面重大突破的主导者，也要成为中国本土高科技跨国企业的策源地，培育出一大批战略性新兴产业领域的中国本土高科技跨国企业，成为中国本土高科技跨国企业的总部所在地和核心创新研发和高端制造的集聚地。

首先，对于北京而言，要成为国家战略科技力量的主导者，就是要在"十四五"期间将基础研究经费支出占研究开发经费支出的比重稳步地提升到30％以上，特别是要在充分设计鼓励自由探索导向的科技创新机制体制的情形下，逐步加大政府在具有原始突破性的基础研究领域的财政扶持力度。要通过"十四五"期间乃至 2035 年期间原始突破性的基础研究领域的战略布局，争取在 2040 年之后，北京的科研机构和高等院校率先实现自然科学领域诺贝尔奖的零突破，要在 2050 年期间实现 5 个左右的自然科学领域诺贝尔奖。要充分认识到尽快设计和出台北京版的新型举国体制的重要性，主动激活北京境内全球一流的科研机构、高等院校、龙头企业在基础研究和原始创新方面的综合优势。既要尽快制定北京版的战略性科学计划和科学工程规划，全面推进北京区域内的科研院所、高校、企业科研力量优化配置和资源共享，前瞻性地谋划优化学科布局和研发布局，推进学科交叉融合，完善共性基础技术供给体系，又要瞄准人工智能、量子信息、集成电路、生命健康、脑科学、生物育种、航天科技、深地深海等前沿领域，尽快实施一批具有前瞻性、战略性的国家重大科技项目。

其次，针对北京而言，要尽快实施国家战略科技力量主导者的战略布局，除了加大政府在基础研究方面的财政投入之外，要充分激活和发挥本土高科技企业在特定战略性新兴产业中基础研究环节的主导作用，促使北京成为中国本土高科技跨国企业的主要策源地和集聚地。从全球跨国企业维持持久全球竞争优势的发展经历来看，这些跨国企业越来越倾向于在基础研究和应用基础研究领域进行持续性的前瞻性的巨额投入。由此，必须反思的一个重大现象是，中国政府是有限的基础研究主要投入者，而为什么高度重视的一个基本发展规律是，全球跨国企业越来越依靠自身在基础研究和原始创新领域获得的自主创新能力来维持和强化自身的全球竞争优势。因此，北京可以主动利用自身在基础研究和原始创新领域的人才优势，将之转化为培育和发展中国本土高科技跨国企业的重要资源优势，从而使得北京逐步成为中国本土高科技跨国企业的主要策源地和集聚地。同时，大量中国本土高科技跨国企业的涌现和集聚可以更好地维持北京作为全球重大突破性领域的基础研究和原始创新的策源地的地位，否则，二者尽失。

第五，北京必须在"十四五"期间重点发展战略性新兴产业体系中的高端制造环节，将之作为切入中国国内大循环体系的核心抓手，同时，逐步强化北京在战略性新兴产业领域中的高科技产品的出口能力以及构建高端技术的策源地和全球交易中心。深刻体现深度参与国内国际双循环相互促进的新发展格局。

事实上，北京虽然在新一代信息技术、集成电路、生物技术、新能源、新材料、高端装备、新能源汽车、绿色环保、航空航天等产业中的某些环节已经抢先布局，并且取得了一定的发展成果，这似乎意味着北京在全球的战略性新兴产业体系领域中占据了一定优势。然而，这可能只是一种短暂的幻象或者是错误思维导向的发展战略，我们担心的是，北京地区在这些全球的战略性新兴产业体系领域缺乏全产业链的系统性布局，尤其在高端制造环节严重缺位，这就可能会导致北京在全球的战略性新兴产业体系领域的综合优势逐步弱化和消失。

需要重视的是，与上海地区、粤港澳大湾区已经在这些战略性新兴产业的高端制造环节全面布局相比，甚至与杭州、南京、合肥、成都等城市地区在这些战略性新兴产业的高端制造环节积极布局动力相比，在北京不能优先发展制造业的错误思维的误导和京津冀其他区域不具备发展高端制造业条件的双重制约下，北京乃至京津冀其他区域在布局这些战略性新兴产业的高端制造环节已经全面落后。而且，北京在发展互联网、大数据、人工智能等方面具有的创新研发优势，无法与北京乃至京津冀其他区域内的制造业产业部门深度融合，无法形成战略性新兴产业的先进制造业集群，也就无法在北京地区内构建一批各具特色、优势互补、结构合理的战略性新兴产业增长引擎，也就难以形成具有更强创新力、更高附加值、更安全可靠的产业链、供应链。

第六，高质量投资动力严重不足以及既有投资结构的难以为继，已经成为制约北京短期经济增速恢复性提升和中长期经济高质量模式加速形成的决定性因素。需要高度关注的重大问题是，北京只有通过供给侧结构性改革才能推动需求可持续提升，发挥内需持续扩张和升级对北京经济高质量增长的核心支撑作用更加重要，促进供给动态提升和需求动态提升相互支撑型经济发展模式形成的紧迫性和重要性更加突出。

梳理北京近年来的投资结构和各产业投资增长数据，可以发现存在的显著问题在于：一是在 2013 年之后，北京地区中无论是何种形式的固定资产投资增速，均呈现剧烈波动和逐步下滑乃至负增长的双重现象；二是从支撑北京经济增长的信息传输、软件和信息技术服务业，金融业，以及科学研究和技术服务业这三大核心产业的固定资产投资增速来看，在 2013 年之后它们也已经呈现逐步下滑的基本态势，而且在 2018 年之后，信息传输、软件和信息技术服务业和金融业这两大产业的固定资产增速下滑态势更加明显，由此说明，北京这两大产业的增长可能面临一定程度的"天花板"效应，再指望这两大产业来支撑"十四五"期间北京经济高质量发展已经不现实；三是制造业固定资产投资突出的下滑态势，伴随制造业增加值占 GDP 的比重的快速下滑以及制造业部门在国民经济中的支撑作用严重过小的现象，导致 2020 年 1—9 月制造业固定资产投资增速同比增长 99.9％，小马拉大车，根本无法支撑北京 2020 年经济的回弹企稳；四是外商及港澳台商投资从 2013 年以来就一直处于相对弱化状态，事实上，这就证明北京已经基本丧失了吸引全球跨国企业的综合优势；五是民间固定资产投资在 2016 年就基本处于负增长状态，在 2020 年 1—9 月有 22.3％的大幅度反弹，深刻说明了非国有经济部门在北京发展的突出障碍。

依据以上数据分析，可以得出的判断是，高质量投资动力严重不足以及既有投资结构难以为继，已经成为制约北京短期经济增速恢复性提升和中长期经济高质量模式加速形成的决定性因素。需要高度关注的基本事实是，保持高质量投资合理增长，发挥投资对优化供给结构的关键作用，对"十四五"期间北京推动经济高质量增长以及维持经济合理增长区间至关重要。一方面，针对北京而言，高质量投资引发高质量供给，高质量供给创造新需求，从而提升北京在国内大循环体系中的产业和产品竞争力，促使北京在国内国际双循环相互促进新发展格局中成为高端产品的出口高地；另一方面，供给侧的结构升级可以为北京创造更多数量的高收入就业岗位，支撑北京的内需持续扩张和升级，有利于在北京率先形成供给-需求动态相互促进提升的经济内生型增长模式。

第七，在"十四五"期间，北京必须在构建与现代产业体系发展相匹配的现代金融体系方面，在促使金融机构全心全意为实体经济的创新能力提升、关键核心技术创新突破和中国本土高科技跨国企业培育和发展中产生的各项融资需求提供有效服务，进而在打造有效支持实体经济的金融体制机制方面，率先探索出一条全新的发展道路。

金融业高质量发展对维持首都北京经济增长具有重要作用。但是，难以忽略的现实问题是，即便北京继续推进和深化金融业的对外开放格局，在上海、深圳等城市的直接竞争效应下，尤其是在缺乏地理集聚的高端制造业体系的核心支撑作用下，北京的金融业增加值占GDP的比重会以较大概率出现停滞不前甚至小幅度下滑的现象。换言之，即便北京金融业增加值绝对规模持续扩大，由于其增长速度相对较慢，也会导致北京的金融业增加值占GDP的比重持续下滑的现象发生。

然而，这并不意味着金融业在北京经济高质量发展中的作用下降，相反，其作用变得更为重要。一方面，北京高端制造业体系的发展壮大，尤为需要北京强大的现代金融体系来加以有效支撑；另一方面，全面促进企业技术创新能力提升以及蕴含的巨额创新研发投入和固定资产投入，提升产业链、供应链现代化水平以及蕴含的巨额创新研发投入和固定资产投入，推动战略性新兴产业和先进制造业集群发展以及蕴含的巨额创新研发投入和固定资产投入，均需要具有直接融资形式的金融体系和资本市场加以全面支撑。

第八，维持北京经济高质量发展的核心基础之一，就在于北京所拥有的数量相对庞大的、收入相对稳定的中高收入群体。在"十四五"期间，北京必须率先成为推动中高收入群体比重较大幅度提高，创造高收入就业岗位最为突出的领先示范区。同时，必须将强化北京的区域消费中心城市地位，全面培育北京成为国际消费中心城市，作为北京在"十四五"期间的重要发展战略任务之一。

首先，需要清醒认识到的重要问题是，北京以法规形式设定的 2 300 万人口规模上限，是缓解北京大城市病的关键一招，其核心作用不可动摇。但是，不能忽略的是，其可能带来的问题或后果也值得重视，需要加以前瞻性地关注和应对。一方面，2 300 万人口规模上限可能会限制北京后续的高人力资本和高收入就业岗位的重新创造和净流入，从而限制了北京自身的内需扩张和提升空间，抑制甚至削弱了消费对北京经济高质量发展的基础性支撑作用。另一方面，要在 2 300 万人口规模上限的法定约束下促进北京消费和内需的可持续提升，就必须更大地在如何较大幅度提高 2 300 万人口的中高收入群体比重方面做文章，通过高收入群体比重来促进北京消费内需的进一步提升。同时，考虑到 2035 年北京将率先进入深度老龄化阶段，老龄化对北京消费内需持续扩张和升级带来的约束和限制，对经济高质量增长必然会带来更为突出的阻碍效应。因此，北京必须通过实施高人力资本的年轻人对相对低收入的老龄化人口的及时流动和替换政策，来维持发挥高端消费对北京经济高质量发展的核心支撑作用。

其次，在"十四五"期间，能否将北京打造为京津冀区域乃至北方区域的区域性消费中心城市，培育北京成为国际消费中心城市，对发挥消费对北京经济高质量发展的基础性支撑作用也尤为重要。事实上，不要以消费市场孤立或封闭的发展思维来狭隘地看待北京经济增长的内生性动力，北京必须借助国内其他地区和国外的高端消费来谋求北京经济增长的支撑动力。为此，北京完全有必要在"十四五"期间将打造区域消费中心城市和国际消费中心城市作为重要的发展战略目标之一。与上海和深圳相比，北京虽然具有相对有优势的历史文化沉淀，但是，现代化城市文明的氛围远远低于上海，城市创新创业活力和机会以及高端制造业的产业链、供应链配套能力也远远低于深圳，因此，北京在吸引中国和全球的年轻一代旅游和消费方面存在重要短板，而且自身年轻一代的消费能力提升空间也远远不足，值得高度关注。

第九，加快打造北京历史文化和现代化大国首都城市文明相互辉映、相互促进的首都特色的现代文化产业体系，也是维持"十四五"期间北京经济高质量增长的重要动力支撑之一。

首先，需要高度重视的是，由于北京以前的雾霾等一系列问题被西方国家恶意放大宣传，西方国家游客对北京的旅游态度和偏好受到严重干扰，导致北京的国际旅游游客数量在 2016 年之后呈现出了较大幅度下降趋势，这对北京的国际文化交流中心定位的提升和强化带来了一系列的挑战和风险。对此，在"十四五"期间，北京必须将强化对北京环境进行全面改善和恢复北京国际旅游文化形象的国际宣传，作为提升北京国际文化交流中心定位的主攻方向。

其次，以社会主义国家优先讲好中国故事为着力点，应在全面率先推进和强化文化体制改革的情形下，完善文化产业规划和政策，加强文化市场体系建设，扩大优质文化产品供给。针对北京而言，在"十四五"期间，要优先实施文化产业数字化战略，加快发展新型文化企业、文化业态、文化消费模式。特别是要打造北京特色的文化产业园区，推动故宫文化产业带、三山五园文化产业带、大运河文化产业带等方面的建设。推动北京特色的文化和旅游融合发展，建设一批富有文化底蕴的世界级旅游景区和度假区，打造一批北京文化特色鲜明的国家级旅游休闲街区。

三、 2021 年步入新发展格局北京的改革重点与政策举措

综合以上分析，我们对北京宏观经济形势的总体判断是：

第一，消费恢复能力的不足已经成为制约北京短期乃至中长期内经济恢复到正常发展轨道的核心因素之一。造成北京消费恢复能力不足的内外因素，既有全球新冠疫情冲击带来的国内外旅游和商业交往交流的

限制因素，更有深层次的因素，即在全面实施减量发展和一般制造业整体外移带来的冲击影响下，北京的打工群体就业人口已经处于明确收缩状态，对北京消费能力的恢复产生了中长期的影响。而且，我们调研发现，北京日益上涨的各种用工成本和工业用地成本等导致的综合成本高企不下，迫使高新技术企业向京外地区转移，部分企业已经迁移到广东和江苏地区。因此，消费恢复能力和发展能力不足问题已经成为束缚北京短期和中长期经济发展的关键因素。

第二，高质量投资能力不足问题也已经成为制约北京短期乃至中长期内经济恢复到正常发展轨道的核心因素之一。一是，支撑北京经济的三大产业部门，信息传输、软件和信息技术服务业，金融业，以及科学研究和技术服务业的固定资产投资同比增速，在 2013 年之后就出现了大多数年份呈现较大幅度负增长和剧烈波动的总体特征。这反映的深层次问题是，北京的这三大核心产业可持续增长能力受到外部因素的干扰和制约，后续的增长能力并不稳固。二是，制造业部门投资在 2020 年前 3 季度出现了 99.9% 的同比增幅，既说明北京重视高端制造业的重要作用，也说明北京具备逆势发展高端制造业的基础条件。同时，2020 年 1—9 月，北京实际利用外资 119.3 亿美元，也说明北京的营商环境仍然具有一定的竞争力和吸引力。但是，上海制造业部门的固定资产投资恢复能力相比北京更为惊人，前 3 季度，上海制造业投资比去年同期增长 18.7%。六个重点工业行业投资增长 31.2%。其中，电子信息产品制造业投资增长 74.1%，生物医药制造业投资增长 15.2%，汽车制造业投资增长 13.4%。三是，2020 年前 3 季度，上海基础设施投资增长 5.4%，增速提高 3.2 个百分点，对比来看，北京基础设施投资下降 19.4%，降幅收窄 0.7 个百分点。对比来看，上海的新型基础设施建设要强于北京，这可能进一步拉低上海与北京营商环境的差距，削弱北京的后续增长能力。

需要高度关注的重大现象是，2019 年上海和北京的 GDP 规模分别为 38 155.32 亿元和 35 371.3 亿元，人均可支配收入分别为 69 442 元和 67 756 元。在经济发展数量和质量方面上海均高于北京。我们担心的是，"十四五"期间，北京与上海之间的经济发展差距可能进一步拉大，特别是在人均可支配收入方面北京与上海的落差会进一步加大，进而对北京经济高质量发展形成更大的竞争效应和高端要素资源的转移效应。

正如我们以上分析的逻辑，影响"十三五"收官之年的 2020 年北京宏观经济形势变化的核心因素，更在于北京经济发展过程中逐步累积和暴露出来的深层次结构性问题，实际上全球新冠疫情冲击在很大程度上加速暴露了高端制造业增加值占 GDP 的比重相对过低，支撑国家产业链、供应链和创新链安全的关键核心技术创新领域重大突破的国家战略科技力量相对不足，主导"国内大循环体系"的产业链、供应链现代化水平相对不高，战略性新兴产业主导的现代产业体系发展不充分，具有国际竞争力的数字产业集群尚未形成，现代文化产业体系的形成有待强化等结构性问题。这是北京进入"十四五"期间必须加以系统性重点解决的核心问题。但是，对北京经济而言，既要关注中长期的结构性改革问题，也要重视短期经济恢复能力企稳的问题。因此，我们认为，当前的政策举措重点必须同时聚焦于短期和中长期两个方面的关键因素，本着以短期促进经济恢复能力塑造中长期经济结构性调整基础、以中长期结构性改革带动短期经济中高速增长能力的基本策略加以推进。

第一，尽快促进内源性和外源性消费能力的全面恢复，仍然是北京近期内宏观经济政策调控的首要目标。

一方面，加快北京的旅游、培训、展览和商业正常往来活动的开放力度，通过逐步恢复和加大国内其他地区各类人员进京数量，来拓展和提升外源性消费旅游。为此，我们建议在保证国家政治安全的前提下，真正做好首都北京防范新冠疫情的常态化机制。即便今后北京或其他邻近地区再发生局部性的新冠疫情暴发事件，只要暴发群体可控制在几千人之内或者每天出现几十例的病例报告事件，都不要将之过度扩大宣传，要将之视作常态化模式，尽快适应在此可能状态下的经济正常运行机制管控体制。特别是要鼓励和吸引京津冀区域居民来北京消费，真正强化北京在京津冀区域中的中高端消费中心地位。同时，全面启动北京的国际消费中心城市的战略定位与具体建设计划。

另一方面，虽然打工群体的逐步迁出和收缩带来一定程度的消费能力下降，但是，北京当前宏观经济形势的特点是主体居民群体的收入受到新冠疫情冲击相对较小，总体需求能力的基本盘还在，需要的是真正去激活和恢复这些既有的消费能力和中高端需求空间，夯实内源性消费。为此，我们建议高度重视打工群体和非京籍就业人员群体的消费能力，它们是北京消费能力的重要构成部分，能够起到维持北京经济高质量发展的基础性作用，因此，通过持续发展各类高端制造业、生产性服务业以及相关的生活性服务业来保持北京对打工群体和非京籍就业人员群体的吸引力尤为重要，遏制北京各类就业人员快速迁出和急剧收缩的态势，同时也要继续采取真正有效的举措主动促进京籍就业人员群体的消费水平和消费意愿，防止类似发放消费券的基本无效政策的再次出现。

第二，非常有必要采取更加积极的促进各种高质量投资的政策举措，来对冲短期内消费恢复能力缓慢对北京经济进入正常轨道的阻碍作用。应从 2020 年第 4 季度就制定全面启动高端制造业投资、强化关键核心技术创新领域重大突破投资、加快新型基础设施投资等方面的具体计划和政策举措，逐步激励和提升各类民间社会资本在北京这些领域投资的主导地位。

首先，将启动高端制造业投资作为核心任务。必须要关注的是，当前北京市的投资能力整体提升的核心在于全面启动高端制造业投资，上海已经高度认识到这个问题对维持上海经济可持续增长的极端重要性。倘若在这个关键时期北京忽略全球新一轮战略性新兴产业中的高端制造业发展机会，必将在 30 年之内再也难以获得类似的发展机会，导致北京经济增长动力的全面弱化和难以为继。

其次，利用新型举国体制，尽快布局关键核心技术创新领域重大突破的各项投资。通过全面推行科技机制体制改革，加大对从事基础研究、应用基础研究、颠覆性技术研究、关键共性技术研究等前沿领域研究的高等院校和专业化科研机构的财政资金支持力度。特别要全面激活企业在基础研究领域中的主体地位，率先全面放开和鼓励企业作为主体承担单位以及企业和专业化科研机构联合申请国家各种重大科技计划项目、国家重点实验室、国家自然基金委各种项目，通过这些项目的实施来激活和坐实各种国家实验室、国家重点实验室、国家工程研究中心、工业技术研究基地等。

最后，围绕北京布局数字贸易全球中心提供了前所未有的、独一无二的新发展契机，应强化北京在以 5G、物联网、工业互联网等为代表的通信网络基础设施，以人工智能、云计算、区块链等为代表的新技术基础设施，以数据中心、智能计算中心为代表的算力基础设施方面的新型基础设施的投资。

第三，全面实施促使高端制造业增加值占 GDP 的比重在"十四五"期间逐步提高到 15％的战略布局和具体举措。

要使得北京在"十四五"期间的 2025 年最终实现高端制造业增加值占 GDP 的比重逐步提高到 15％，从目前的发展形势来看，意味着北京在 2025 年需要额外增加 4 000 亿元～4 500 亿元的制造业部门的增加值，这可能意味着巨大的挑战和压力。我们研究发现，针对上海而言，在 2025 年上海 GDP 规模翻一番的前提下，需要额外增加 5 000 亿元～7 000 亿元的制造业部门增加值。上海能实现这个目标，北京就一定能够实现这个目标。原因很简单，高端制造业和战略性新兴产业中的一个企业投资通常在 50 亿元～100 亿元，较大投资在 300 亿元左右。因此，对北京而言，就是要抢 10 个大企业投资项目，或者 50 个中小企业投资项目，或者发展出一个华为企业即可。如果考虑高端制造业的产业链、供应链集聚效应的话，这个任务更容易实现。因此，必须明确大兴、顺义、海淀、昌平、北京城市副中心（非首都核心功能区）、北京经济开发区等发展高精尖制造业体系的核心地位，优先明确这些地区中的高端制造业增加值占 GDP 的比重的提升幅度目标。

第四，全面推进北京在关键核心技术创新重大突破方面的主体责任和战略布局。

北京作为全球有影响力的科技创新中心的战略定位，根本目标就是要成为全国乃至全球基础研究的发源地、原始创新的策源地，更要成为颠覆性技术创新的示范者、关键核心技术创新的引领者。对于北京而言，必须从政治任务高度对此问题加以理解和贯彻。北京必须在影响国家安全的关键核心技术创新领域的重大全面突破方面，起到主导性的作用，必须将在全国领先的科研机构、高等院校和国内外高端创新人力集聚高地的核心优势资源充分整合起来，组建专业化团队来集中攻关制约当前和未来中国产业链、供应链、创新链国家安全的关键核心技术，率先牵头成立 35 个专项攻关小组，成立专项基金，整合京津冀、全国乃至全球的研究力量，依靠完全的创新机制体制，将 35 项关键核心技术创新领域中所有的攻关任务对所有主体开放招标，能者挂帅，通过揭榜制、承包制、组阁制来激励研究团队的自由组合。同时，主动利用在中国关键核心技术创新方面的重大突破机会，释放高端制造业产业在北京和京津冀其他区域的发展机会，夯实高端制造业和战略性新兴制造业在北京经济高质量发展中的基础性地位，培育一批中国本土高科技跨国企业。

第五，尽快布局北京成为全球数字经济和数字贸易的研发、生产和应用中心。

习近平总书记高度关注中国数字经济和数字贸易的发展机遇，这是推动中国经济高质量发展，引领全球创新链、产业链和供应链融合发展的重要抓手。北京发展数字经济"1＋3"政策文件的正式出台以及一系列改革举措的实施，预示着首都北京必然成为全国数字经济和数字贸易的重要发展中心。同时，这也就意味着首都北京具备了加快建设数字贸易全球中心的基础条件和重要契机。数字贸易对传统贸易模式具有颠覆性的作用效应，可为首都北京塑造引领京津冀区域的新国际竞争优势、打造新型出口高地提供"弯道超车"式的跨越式发展机遇。首都北京在软件信息服务业和科技服务业方面长期积累的发展优势和创新优势也可为首都北京布局数字贸易全球中心提供前所未有的、独一无二的新发展契机。为此，我们建议：

一是将北京打造成中国乃至全球的数据跨境流动中心，率先探索和构建数据全球跨境流动的"中国方案"。

二是优先布局以构建数字贸易全球中心为导向的新型基础设施，全面打造首都北京在发展数字贸易全球中心软件和硬件方面的创新链、产业链和供应链的综合产业体系。首都北京必须加快建设以打造数字贸易全球中心为导向的新型基础设施，继续提升在发展数字经济和数字贸易中的"软科技"方面的创新优势和产业优势。同时，首都北京面临发展数字经济和数字贸易中的"硬科技"及其产业体系方面的整体实力不足的问题，必须通过打造全球领先的相关制造业体系加以解决。

三是将首都北京优先打造成为中国数字贸易金融、数字货币的发展中心以及全球数字货币金融交易中心，作为构建数字贸易全球中心的重要突破口，重塑和强化北京的金融发展领先优势。

2020 年第 4 季度报告

——供给侧和需求侧双重推动的北京经济

  综合分析进入 2010 年以来北京各项核心宏观经济指标的变化趋势，特别是在 2020 年全球疫情暴发以来，北京 2020 年各季度的各项核心宏观经济指标的变化趋势，并着重结合分析北京经济发展进程背后所逐步暴露出的一系列深层次现象或问题，在北京即将进入第二个百年征程的"十四五"期间的开局之年，必须要高度重视当前阶段北京在供给侧和需求侧所同时暴露出来的一系列深层次重大问题以及其中的突出风险，对此加以全面科学分析和采取主动应对策略。

  客观事实是，相比上海、深圳等其他国内超大城市，当前北京经济正在面临尤为突出的供给侧和需求侧的双重压力和挑战。而且，针对北京当前愈加凸显的供给侧和需求侧双重压力和挑战，北京在供给侧所面临的重大问题的解决，则需要中长期结构性改革的全面努力。而北京需求侧所面临的重大问题，不仅仅是短期问题，也成为重要的中长期结构性问题，既需要短期的需求侧管理政策，更需要中长期的需求侧结构性改革政策的深入推进和系统性解决。

  客观来看，一方面，当前北京需求侧所面临的核心问题主要表现为相比上海、深圳等国内的其他超大城市，北京在消费能力恢复方面存在相对严重滞后的重大现象，特别表现为在加快实施疏解整治促提升和布局减量发展战略的过程中，由一般制造业和部分服务业的加快疏解和外迁所导致的外来打工和就业人口数量短期内较大幅度减少而造成的绝对消费能力下降。因此，促消费、稳消费、扩消费，引进外消费，加快建设区域消费中心城市和国际消费中心城市，成为当前北京经济在需求侧迫切需要推进的首要发展任务。另一方面，当前北京供给侧所面临的核心问题主要是高精尖产业体系的培育和发展相对不足，特别是发展高精尖制造业体系和战略性新兴产业的产业链布局能力相对不足，发展高精尖制造业体系和战略性新兴产业的产业链的营商环境和综合优势相对不足。具体来看，以智能制造和产业链集成制造为主的高端制造业投资动力相对不足，集中到一点，就是北京经济发展中存在以智能制造和产业链集群为主的高端制造业体系培育和发展不足的问题。

针对北京在"十四五"开局之年如何推进北京特色的减量发展、创新发展和高质量发展，本质上来看，就是要优先科学把握和谋划处理好供给侧和需求侧共同推进和相互支撑式的独特发展模式。减量发展的目的是优化供给侧的结构，夯实高端需求的提升基础，更好地促进供给和需求在更高水平互动发展模式的加速形成。但是，当前实施的减量发展政策，不仅仅在短期内对供给侧造成了暂时的负面冲击影响，也在短期内对需求侧的中低端需求能力造成了较为突出的负面冲击影响，这是北京减量发展战略推进中的必然代价和必须努力解决的短期发展困局问题。具体而言，就是既要关注短期内供给侧和需求侧层面共同推进中所面临的一系列重大问题和热点问题，更要及早研判和有效解决中长期供给侧和需求侧层面共同推进中暴露出来的结构性问题和机制体制性障碍。因此，我们认为，推动北京高质量发展的政策举措重点，必须同时聚焦于短期和中长期两个方面的关键因素，本着"短期内以供给推动需求恢复，中长期内以供给结构性改革塑造高端需求结构形成""以中长期的供给侧和需求侧结构性改革，夯实短期内供给侧和需求侧增长动力基础"的核心发展策略加以系统性推进。

一、 北京 2020 年第 4 季度宏观经济形势分析与 2021 年开局展望

（1）2020 年北京各级政府主动采取各种措施积极应对全球新冠疫情的负面冲击，在第 3 季度经历了 V 形反弹的重要发展过程后，在 2020 年第 4 季度表现出强劲的恢复态势，预计在 2021 年的"十四五"开局之年的 1—2 季度，北京将全面进入正常发展轨道之中。

即便京津冀地区在 2021 年遭遇多轮次小范围的新冠疫情冲击，2021 年第 1 季度北京的 GDP 实际增速也有较大概率呈现 4%～5% 的增速，2021 年第 2 季度则有较大概率进入 GDP 实际增速 5.5%～6% 的正常增速轨道之中。

北京 2020 年 1—4 季度实现地区生产总值 36 102.6 亿元，按可比价格计算，同比实际增长 1.2%。对比 2020 年 1 季度 −6.6% 的下滑幅度、1—2 季度 −3.2% 的负增长态势和 1—3 季度 0.1% 的正增长态势，V 形反弹的态势非常显著（如图 1 所示）。这为北京在 2021 年尽快进入正常

发展轨道奠定了坚实基础。图 2 展现的是全国在 2019 年第 1 季度到 2020 年第 4 季度的 GDP 同比实际增速的变化趋势。2020 年，中国国内生产总值 1 015 986 亿元，首次超过 100 万亿元门槛。按可比价格计算，比上年增长 2.3%。分季度看，1 季度同比下降 6.8%，2 季度增长 3.2%，3 季度增长 4.9%，4 季度增长 6.5%。分产业看，第一产业增加值比上年增长 3.0%；第二产业增加值增长 2.6%；第三产业增加值增长 2.1%。截至 2021 年 1 月 26 日，除河北、新疆外，已有 29 个省份公布 2020 年主要经济数据（见表 1）。除湖北外，各省份 GDP 增速已悉数转正，其中 19 个省份增速高于或等于 2.3% 的全国"平均线"。与全国层面 2020 年 1—4 季度 2.3% 的 GDP 同比实际增速相比，北京

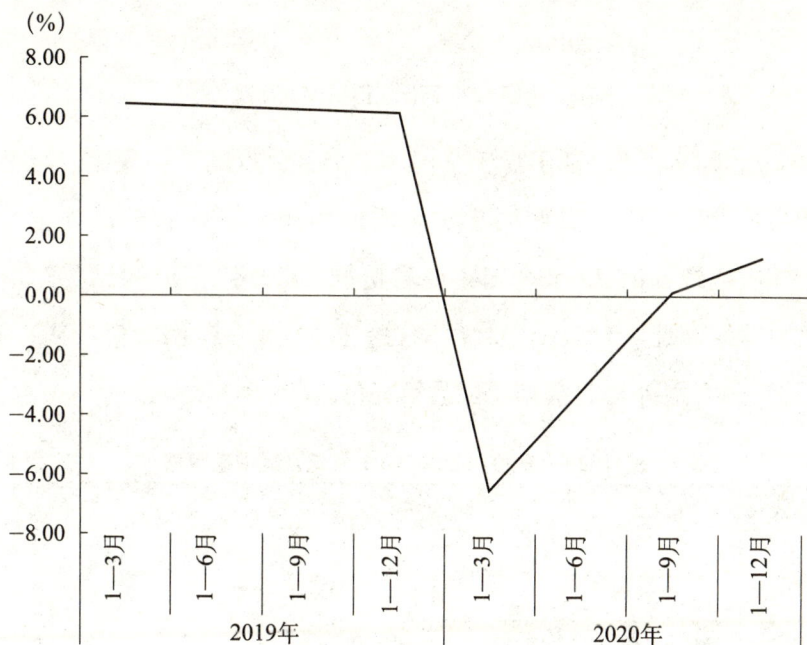

图 1　北京 GDP 同比实际增速变化趋势

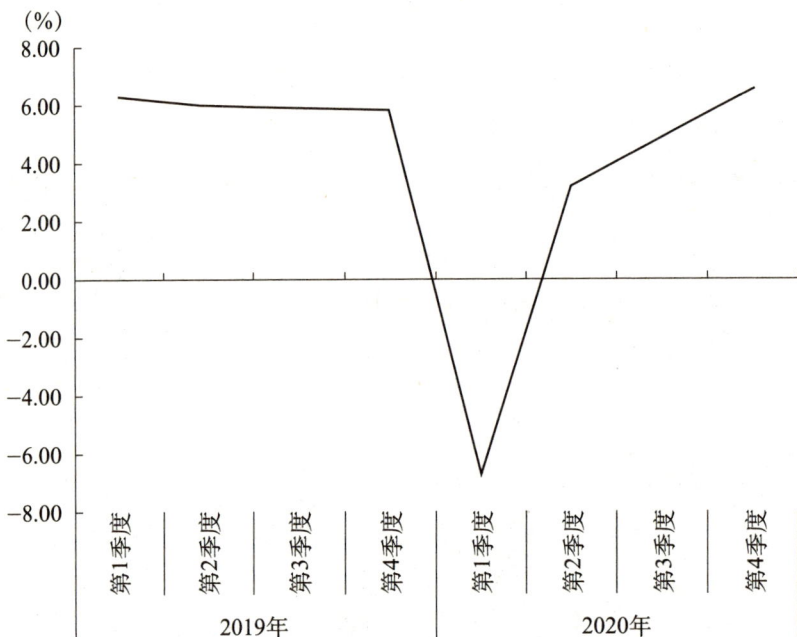

图 2　全国 GDP 同比实际增速变化趋势

GDP 同比实际增速出现了低于全国 1.1 个百分点的重要现象。与全国多数省份 2020 年的 GDP 同比实际增速相比，北京处于相对落后地位。从我们统计的 29 个全国主要省份的 2020 年 GDP 同比实际增速来看，除了湖北（−5.0%）、内蒙古（0.2%）、黑龙江（1.0%）、辽宁（0.6%）之外，北京排在倒数第五位。

表 1　29 个省份 2020 年 GDP 总量及其增速数据

序号	省份	GDP 总量（亿元）	GDP 增速（%）
1	广东	110 760.94	2.3
2	江苏	102 700.00	3.7
3	山东	73 129.00	3.6

续表

序号	省份	GDP 总量（亿元）	GDP 增速（％）
4	浙江	64 613.00	3.6
5	河南	54 997.07	1.3
6	四川	48 598.76	3.8
7	福建	43 903.89	3.3
8	湖北	43 443.46	−5.0
9	湖南	41 781.49	3.8
10	上海	38 700.58	1.7
11	安徽	38 680.60	3.9
12	北京	36 102.60	1.2
13	陕西	26 181.86	2.2
14	江西	25 691.50	3.8
15	辽宁	25 115.00	0.6
16	重庆	25 002.79	3.9
17	云南	24 500.00	4.0
18	广西	22 156.69	3.7
19	贵州	17 826.56	4.5
20	山西	17 651.93	3.6
21	内蒙古	17 360.00	0.2
22	天津	14 083.73	1.5
23	黑龙江	13 698.50	1.0
24	吉林	12 311.32	2.4
25	甘肃	9 016.70	3.9
26	海南	5 532.39	3.5
27	宁夏	3 920.55	3.9
28	青海	3 005.92	1.5
29	西藏	突破 1 900.00	7.8

同样作为 GDP 规模 3 万亿元级别的俱乐部成员（见表2），同样作为国内的超大规模城市经济体，深入理解北京经济发展中的问题和风险，最好的方法是对标和对比分析上海的经济指标。当前，上海就是研究北京宏观经济和高质量发展的最好参照系，是窥见北京经济发展中优劣势以及各种问题的最好的镜子。与上海对比来看，2020 年上海市地区生产总值为 38 700.58 亿元，按可比价格计算，比上年增长 1.7%，增速比前 3 季度提高 2.0 个百分点。很显然，2020 年上海 GDP 实际增速要高于北京 0.5 个百分点，上海 GDP 规模已经高于北京 2 597.98 亿元，上海 GDP 规模领先北京的优势差距在逐步加大。

表 2 经济规模分级

经济规模	省份
10 万亿元＋	广东、江苏
7 万亿元＋	山东
6 万亿元＋	浙江
5 万亿元＋	河南
4 万亿元＋	四川、福建、湖北、湖南
3 万亿元＋	上海、安徽、北京
2 万亿元＋	陕西、江西、辽宁、重庆、云南、广西
1 万亿元＋	贵州、山西、内蒙古、天津、黑龙江、吉林

资料来源：各地统计局、公开报道。

分产业看，2020 年上海第一产业增加值 103.57 亿元，下降 8.2%；第二产业增加值 10 289.47 亿元，增长 1.3%；第三产业增加值 28 307.54 亿元，增长 1.8%。2020 年北京第一产业增加值 107.6 亿元，下降 8.5%；第二产业增加值 5 716.4 亿元，增长 2.1%；第三产业增加值 30 278.6 亿元，增长 1.0%。对比分析北京和上海的分产业增加值的规模和增速来看，北京和上海在第一产业增加值规模方面基本相当，北京和上海第一产业增加值规模分别为 107.6 亿元和 103.57 亿元。在第二产业增加值方面，上海领先北京 4 573.07 亿元。在第三产业增加值方面，北京领先上海 1 971.06 亿元。由此可以看出，北京虽然在第三产业方面领先于上海，但是领先规模有限，而上海在第二产业特别是在制造业方面以较大幅度领先于北京。这就说明，北京和上海的差距主要体现在高端制造业方面。事实上，2020 年上海工业增加值占 GDP 的比重约为 25.7%，而北京工业增加值占 GDP 的比重只有约为 11.85%，二者的差距一目了然。

在我们看来，从北京 2020 年 1—4 季度的 GDP 实际增速角度来看，可以判断，事实上，北京经济在遭受全球新冠疫情和全面实施减量发展政策的双重冲击之下，既有的经济结构和产业结构中的重要短板和重大弊端问题被充分诱发和激发，导致了北京在短期内出现了经济内生型增长动力相对不足的重大现象。更令人担心的是，北京当前供给侧和需求侧层面集中爆发出来的结构性问题具有中长期特征，很有可能影响北京潜在经济增长能力的释放，制约北京在 2021 年经济恢复到正常发展轨道的内生能力。

（2）在北京应对多轮全球新冠疫情负面冲击、推进疏解整治促提升纵深阶段和实施新旧产业动能关键转换期三重因素叠加综合作用之下，特别是在深入调整和重新定位首都战略功能与北京经济发展任务之间的相互关系和协同作用的磨合期之中，北京经济发展中既有的经济结构特别是其中固有的深层次产业结构性问题被充分激发和暴露出来，导致既有的产业结构难以支撑体量如此庞大的超大城市经济体系，造成当前北京正在实施的减量发展、创新发展、绿色发展主导的北京特色的高质量发展模式在形成进程中暴露出一系列的机制体制性障碍。

第一，规模以上工业企业成为促进北京经济 V 形反弹的核心支撑力量。然而，由于当前工业部门增加值占 GDP 的比重仍然相对较小，对北京宏观经济企稳反弹的整体支撑作用相对有限，短期内难以形成关键支撑作用。在 2020 年北京宏观经济第 3 季度呈现 V 形反弹的过程中，最大的亮点就是高精尖制造业体系起到了率先恢复以及决定性的支撑作用。具体来看，2020 年，北京规模以上工业增加值按可比价格计算比上年同期增长 2.3%（见图 3）。其中，股份制企业、"三资"企业和高精尖制造业的支撑作用尤为明显。增长分经济类型看，2020 年，国有企业增加值比上年同期下降 3.5%；股份制企业增长 1.0%；"三

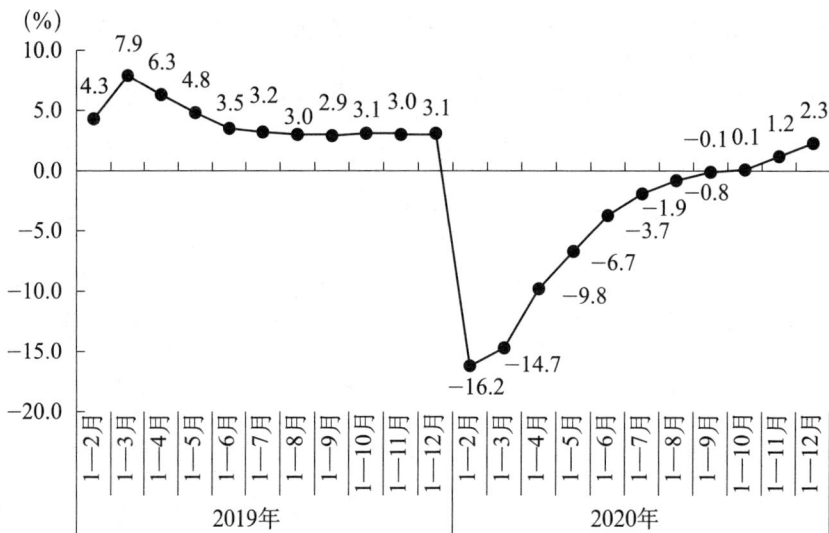

图 3 北京规模以上工业增加值同比增速的变化趋势

资"企业增长 5.3％。分轻重工业看，2020 年，轻工业增加值比上年同期增长 1.1％；重工业增长 2.7％。分行业看，2020 年，在 39 个工业大类行业中 15 个行业增加值同比增长。在主要工业行业中，医药制造业增加值比上年同期增长 9.4％；计算机、通信和其他电子设备制造业增长 14.6％；汽车制造业增长 5.7％；通用设备制造业增长 6.1％；专用设备制造业增长 5.0％；电力、热力生产和供应业增长 4.4％。

然而，与全国的数据相比，北京规模以上工业增加值同比增速的恢复能力仍然表现出相对突出的低水平现象。在 2020 年期间，全国规模以上工业增加值同比增速在 2 月份就出现了触底反弹的迹象，在 4 月份由负转正后表现出强劲的持续性恢复能力，到 2020 年 12 月恢复到近年来的高位 7.3％，超过了 2019 年 12 月份的 6.9％（见图 4）。对比来看，按照逐月累积计算方法来看，北京的规模以上工业增加值在 1—2 月达到－16.2％的最低负向增长水平后逐月回升，在 1－10 月才出现了由负转正的迹象，由 1—2 月的－16.2％回升到 1—10 月的 0.1％，而在 1—12 月达到全年的最高水平 2.3％。

由此可以观察出的问题是，一方面，从全国和北京的规模以上工业增加值同比增速来看，北京 2020 年的同比增速水平远远低于全国，这深刻说明的基本事实是，北京的工业发展水平和竞争优势低于全国水平。而且，北京规模以上工业增加值同比增速在 2019 年 1—3 月呈现 7.9％高位之后就出现了逐步下滑态势。同时，这也深刻说明，在全球新冠疫情发生之前，北京工业就出现了增长动力不足的重大现象。另一方面，北京规模以上工业增加值同比增速的 V 形反弹步骤要严重滞后

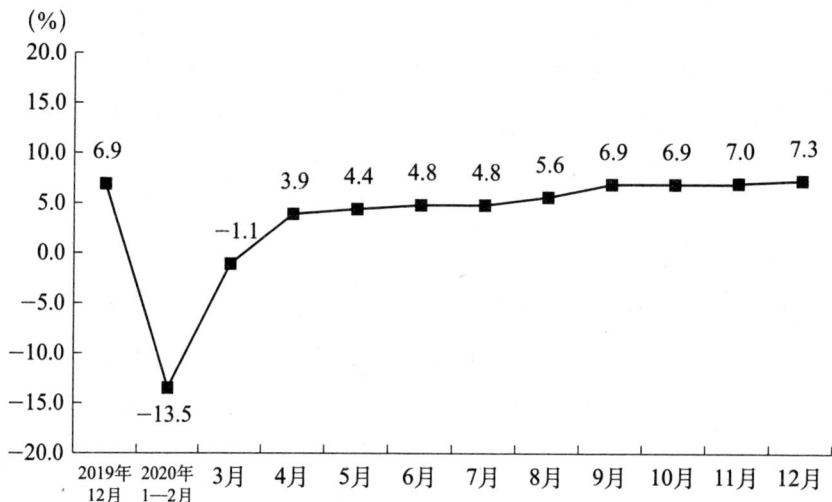

图 4　全国规模以上工业增加值同比增速的变化趋势

于全国的 V 形反弹步骤。这揭示出的基本事实是，北京既有的工业体系结构中存在一定的深层次问题，或者支撑北京工业体系恢复能力的环境条件存在重大弊端，导致北京工业恢复能力存在严重问题。因此，在"十四五"期间将高端制造业增加值占 GDP 的比重提升到 15% 以上的战略目标下，要高度关注当前北京存在的不利于高端制造业体系运行的诸多问题。

第二，北京的核心支柱产业——第三产业部门在多轮全球新冠疫情冲击之下出现了恢复能力相对不足的重大现象。这就意味着当前北京的第三产业部门可能也存在深层次的结构性问题，这些累积性的结构性问题在全球新冠疫情冲击下得到激发和爆发，很有可能会进一步导致北京内生型增长动力机制的相对弱化。

首先，在 2020 年，北京第三产业部门增加值同比增速呈现显著的

V 形反弹态势，2020 年增长 1.0%，比 2020 年 1—3 季度提高 0.9 个百分点，加速恢复态势明显（见图 5）。但是对比全国的态势来看，全国第三产业增加值同比增速在 2020 年第 1 季度出现－5.2%的负向增长之后，第 2、第 3 和第 4 季度的增速分别为 1.9%、4.3%和 6.7%，2020 年第 4 季度基本恢复到 2019 年正常的 7%增速水平（见图 6）。从北京第三产业部门的恢复态势来看，2020 年北京第三产业增加值同比增速只恢复到 1.0%，相比 2019 年 6.4%的增速仍然存在 5.4 个百分点的巨大缺口。

其次，北京第三产业部门的支柱产业可持续发展能力也存在突出的深层次结构性问题，这些突出的结构性问题在新冠疫情冲击下呈现爆发态势，加剧了北京第三产业中的支柱产业高质量发展能力的不稳定性及

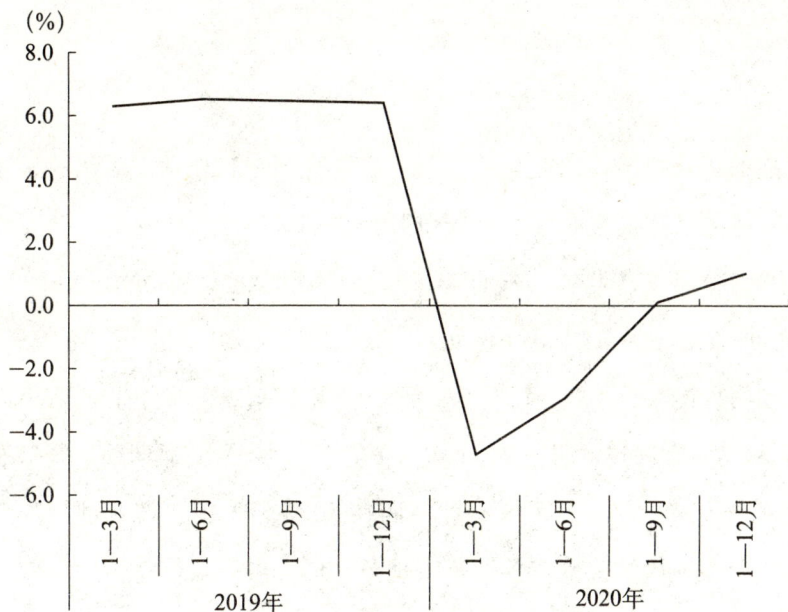

图 5　北京第三产业增加值同比增速的变化趋势

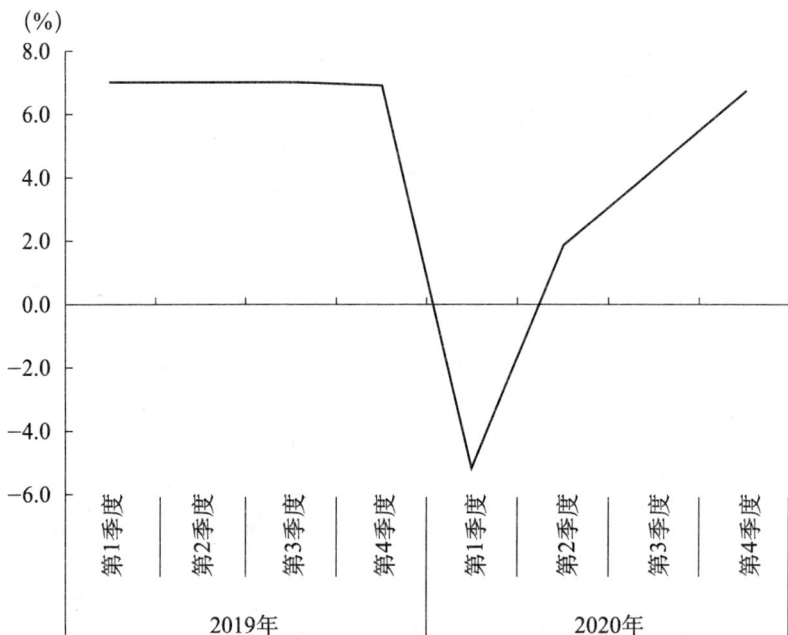

图 6 全国第三产业增加值同比增速的变化趋势

其可能的内在风险。由此，北京第三产业部门中存在的发展风险也不可小觑，必须加以高度关注、积极研判和主动应对。

在北京第三产业中，核心支撑行业依次是批发和零售业（2020 年 1—11 月收入额为 56 138.4 亿元），金融业（25 820.6 亿元），信息传输、软件和信息技术服务业（14 906.1 亿元），租赁与商务服务业（7 233.7 亿元），科学研究和技术服务业（6 485.4 亿元），以及交通运输、仓储和邮政业（5 677.7 亿元）这六大行业。而在 2020 年，第三产业部门的主要支撑行业表现出"三涨三落"重大现象，即金融业，信息传输、软件和信息技术服务业，以及科学研究和技术服务业这三大行业逆势增长，成为北京经济的核心支撑力量。

然而，北京增加值和税收贡献第一大服务业——金融业的发展，已经面临上海、深圳等城市的直接竞争和巨大压力，北京金融业规模已经落后于上海。2020 年 1—9 月，上海的金融业增加值规模为 5 361.34 亿元，已经超过北京的 5 244.50 亿元，成为中国金融业规模最大的城市。更为重要的是，在 2020 年新冠疫情冲击之下，上海金融业增加值同比增速为 7.9%，超过北京的 7.0%。而且，居于第三的深圳金融业增加值 2020 年 1—9 月为 3 118.98 亿元，增速为 10.2%（见表 3），替代北京第二位置的能力在迅速提升。

表 3   2020 年 1—9 月金融业增加值 10 强城市情况

排名	城市	2020 年 1—9 月金融业增加值（亿元）	2019 年 1—9 月金融业增加值（亿元）	增量（亿元）	增速（%）
1	上海	5 361.34	4 968.80	392.54	7.9
2	北京	5 244.50	4 901.40	343.10	7.0
3	深圳	3 118.98	2 830.29	288.69	10.2
4	广州	1 716.00	1 575.76	140.24	8.9
5	重庆	1 711.11	1 621.91	89.20	5.5
6	杭州	1 532.00	1 386.43	145.57	10.5
7	天津	—	—	—	5.3
8	成都	1 413.50	1 324.74	88.76	6.7
9	苏州	1 395.60	1 395.60	0.00	0.0
10	南京	1 341.11	1 273.61	67.50	5.3

就北京最具有竞争力的产业——信息传输、软件和信息技术服务业的发展状况来看，其全国领先优势明显，但是，仍然面临上海和浙江的直接竞争压力和挑战，对此必须加以高度重视。2020 年 1—11 月北京的信息传输、软件和信息技术服务业有 3 762 家规模以上企业，产品销

售收入高达 14 906.1 亿元，同比增长 16.4％，同期利润总额同比增长
19.1％（见图 7）。上海 2020 年 1—11 月的信息传输、软件和信息技术
服务业产品销售收入为 6 702.59 亿元，同比增长 15.7％，同期利润总
额同比增长 18.6％（见图 8）。浙江 2020 年前 3 季度数字经济核心产业
增加值达到 4 893.9 亿元，同比增速为 11％，新一代信息技术产业实现
增加值 763.6 亿元，同比增长 20.9％。

针对科学研究和技术服务业而言，2020 年 1—11 月北京的科学研
究和技术服务业收入额为 6 485.4 亿元，同比增速为 1％。同期，上海
的科学研究和技术服务业收入额为 3 059.18 亿元，虽然规模只有北京
的约 50％，但同比增速高达 10.8％，针对北京的追赶趋势相对明显。

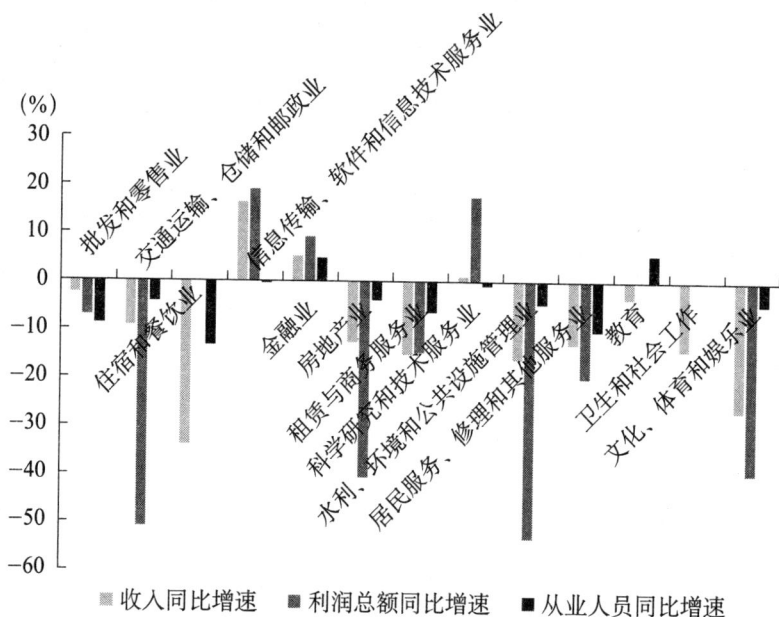

图 7 北京 2020 年 1—11 月第三产业部门各行业比较

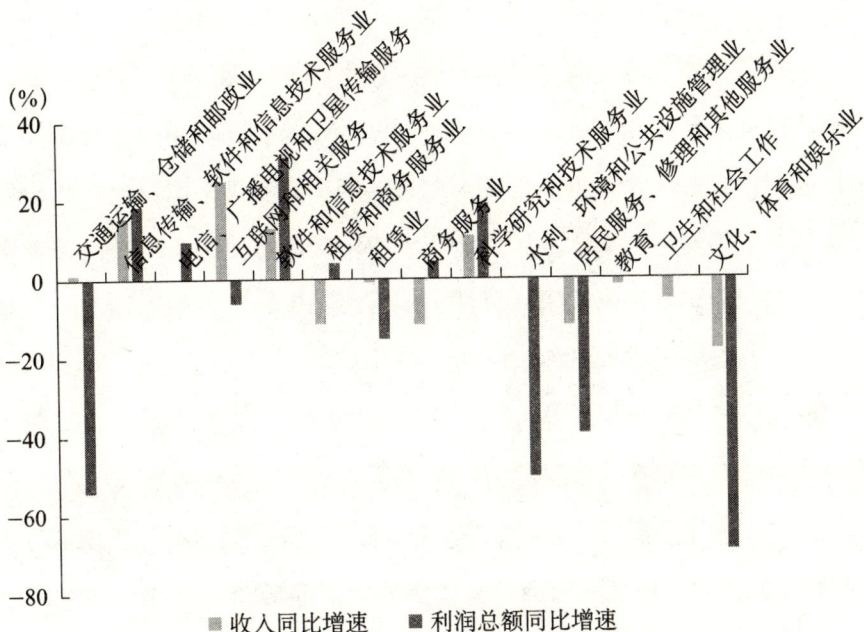

图 8　上海 2020 年 1—11 月第三产业部门各行业比较

（图例：■ 收入同比增速　■ 利润总额同比增速）

　　最后，在新冠疫情冲击下的北京第三产业部门中，有限责任公司、股份有限公司、私营企业和外商投资企业的发展动力呈现显著提升态势，而国有企业、集体企业、股份合作企业和联营企业发展动力则呈现显著弱化态势。由此说明的基本事实是，非国有经济部门在北京第三产业发展中具有更强的市场竞争力、应对危机能力和盈利能力，而国有经济部门出现了较大幅度衰退现象，需要进一步进行混合所有制的治理体制改革。2020 年 1—11 月，北京第三产业部门的有限责任公司、股份有限公司、私营企业收入额同比增速分别为 −2.9%、−1.8%、−2.9%，但是，利润总额同比增速分别为 9.4%、5.1%、33.9%。对比来看，国有企业、集体企业的收入额同比增速分别为 −11.9% 和

−16.6％，利润总额同比增速则分别为−43.2％和−83.2％。

（3）消费恢复能力弱化及其背后可能所隐含的深层次需求能力不足问题，已成为导致北京经济在 2020 年并未恢复到 2019 年的正常水平发展轨道的最主要因素，也成为决定北京能否率先实现中国特色现代化发展样本、中等发达国家示范区和高收入集聚区的重要标志，进而成为影响北京能否加快建设成为国际科技创新中心和国际消费中心城市的"双中心"任务的关键基础条件。

最为值得关注的现象是，北京在 2020 年的新冠疫情冲击下表现出消费能力延迟恢复甚至恢复动力严重不足的重大现象和发展风险。2020年，北京实现社会消费品零售总额 13 716.4 亿元，同比名义下降 8.9％（见图 9）。其中，从下降的商品种类来看，商品零售 12 844.7 亿元，同

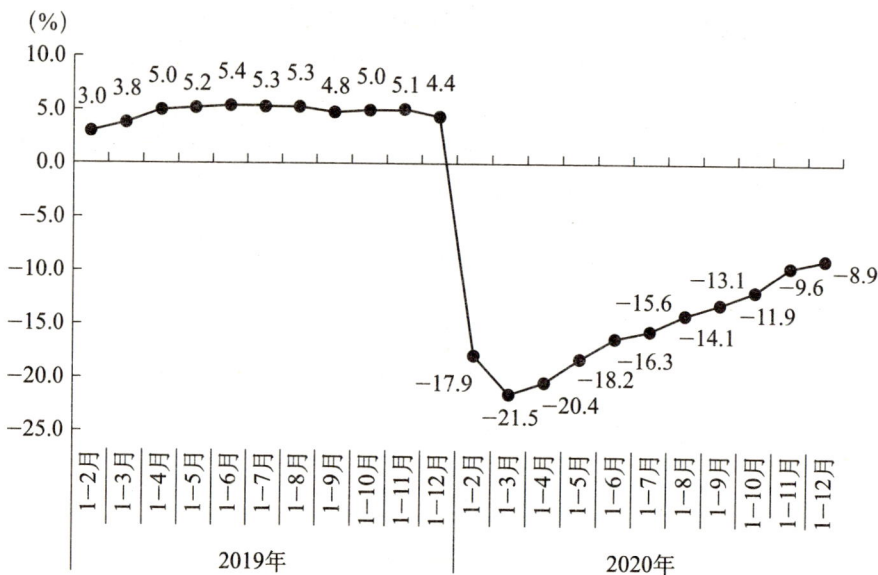

图 9 北京社会消费品零售总额累计增速的变化趋势

比下降 7.1%；餐饮收入 871.7 亿元，同比下降 29.9%。从上涨的商品种类来看，通讯器材类商品实现零售额 1 825.3 亿元，同比增长 49.2%；粮油、食品类商品实现零售额 846.6 亿元，同比增长 5.1%；饮料类商品实现零售额 175 亿元，同比增长 49.7%；体育、娱乐用品类商品实现零售额 167.6 亿元，同比增长 17.3%。

从全国社会消费品零售总额在 2020 年的逐月同比增速变化趋势来看，它在 8 月就表现出由负转正的重要变化转折点，由 7 月的−1.1%变为 8 月的 0.5%，9 月、10 月、11 月、12 月的社会消费品零售总额同比增速分别为 3.3%、4.3%、5.0%和 4.6%（见图 10）。但是，并未完全恢复到 2019 年的同比名义增速 8.0%。对比来看，北京社会消费品零售总额同比增速在 2020 年 1—3 月探底到−21.5%，后又逐步回升到 1—12 月的−8.9%，尚未发生由负转正的重要转折点。并且，与 2019 年 1—12 月的 4.4%相比仍有相当大的缺口。

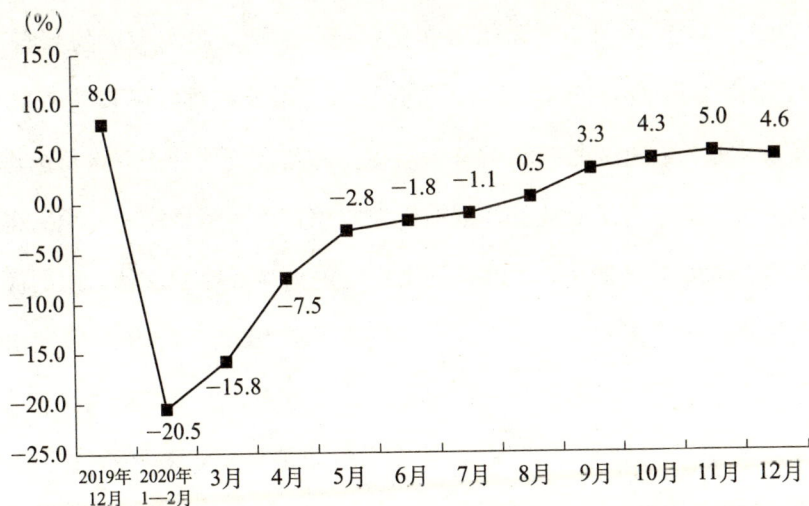

图 10　全国社会消费品零售总额同比增速的变化趋势

更为重要的对比分析是，从上海社会消费品零售总额同比增速2020年的逐月变化趋势来看，上海社会消费品零售总额同比增速在5月就由负转正，由4月的−8.3%转变为5月的0.6%，良性恢复势头非常显著。由此可以分析出的基本事实是，同样作为中国的国际游客集聚城市和以服务业为主的超大规模城市，上海却呈现出与北京的社会消费品零售总额同比增速所不同的变化趋势。这就说明，导致2020年北京消费能力弱化问题的因素，不能仅仅归结为新冠疫情冲击带来的影响效应，也不能简单归结为北京国内外游客的急剧下滑，而是要从北京内部不同群体之间突出的收入不平等以及周边山区和边远区县的居民收入持续增长动力不足等自身内部问题入手，要从当前北京新旧动能转换过程中存在的结构性问题入手，来系统性地研判和深入分析。

由此，我们预计：一方面，北京社会消费品零售总额同比增速有可能在2021年1—6月份逐步由负转正；另一方面，更为悲观的判断是，2021年全年北京的社会消费品零售总额同比增速都难以恢复到2019年的发展水平。在北京推进疏解整治促提升和新冠疫情冲击双重负面作用的效应下，北京打工就业群体规模绝对收缩，引发消费能力弱化。得出如此判断的直接证据是，从北京和上海吃的商品、穿的商品、用的商品的同比增速对比来看，一方面，上海的这些指标在2020年中后期由负转正，而北京的这些指标却一直为负；另一方面，上海的这些指标在9月、10月、11月和12月的正向增长态势非常显著，多数超过10%的增速。因为吃的商品、穿的商品、用的商品直接与本地就业人口规模和居民收入能力相关，这就表明北京本地就业人口规模和居民收入能力很有可能已经严重低于上海市。

（4）北京存在高质量投资动力相对不足的重大现象。当前的投资增速特别是投资结构，对北京今后经济恢复能力和高质量增长能力具有决定性的基础作用。如何激发高质量投资和优化投资结构，已经成为北京今后一段时期内的工作重点任务。

2020 年北京固定资产投资（不含农户）同比增长 2.2%，加速恢复态势明显（见图 11）。然而，与全国以及主要城市相比，北京固定资产投资的延迟性恢复和投资动力不足现象非常突出。与全国的数据对比来看，2020 年全国固定资产投资（不含农户）同比增长 2.9%（见图 12），北京比全国同比增速要低 0.7 个百分点。与上海的数据对比来看，上海全面领先北京的现象非常明显。上海固定资产投资总额比上年增长 10.3%，2008 年以来首次实现年度两位数增长。分领域看，上海工业投资增长 15.9%，增速比前 3 季度提高 0.5 个百分点。其中，制造业投资增长 20.6%，连续 12 个季度保持两位数增长；房地产开发投资增长 11.0%，增速提高 1.0 个百分点。六个重点工业行业投资增长 31.0%。其中，电子信息产品制造业投资增长 64.8%，生物医药制造业投资增长 27.3%，汽车制造业投资增长 17.2%。与深圳的数据对比来看，深圳 1—11 月全社会固定资产投资总额同比增速为 9.2%。此外，重庆 1—11 月固定资产投资同比增速为 3.9%，杭州 1—11 月固定资产投资同比增速为 6.7%，南京 1—11 月固定资产投资同比增速为 6.2%。

(%)

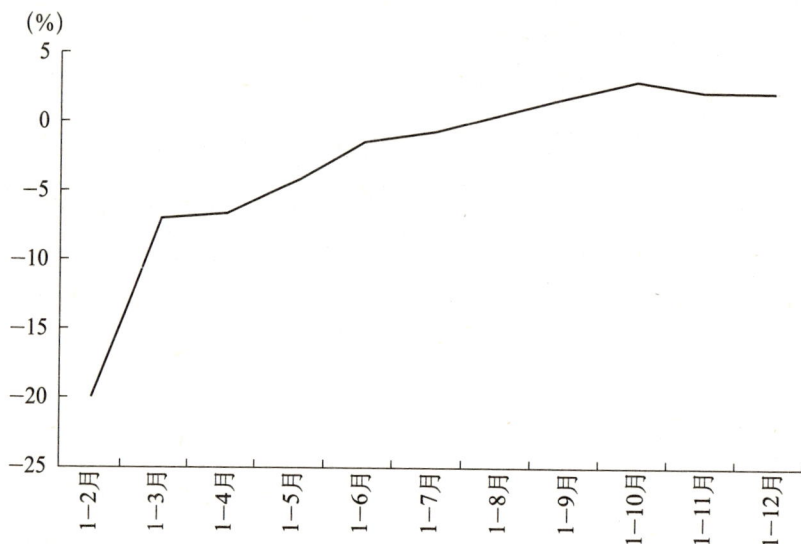

图 11　2020 年北京固定资产投资（不含农户）同比增速变化趋势

(%)

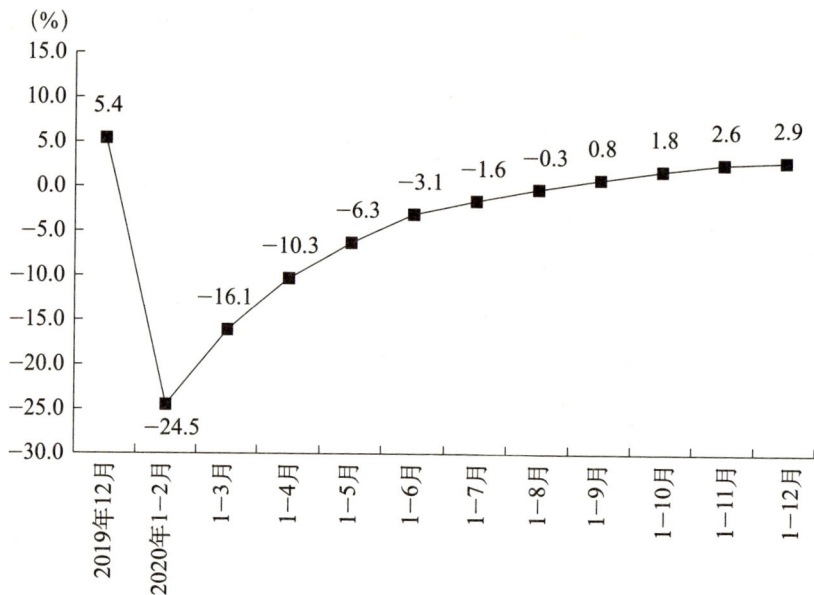

图 12　全国固定资产投资（不含农户）同比增速变化趋势

2020 年，北京固定资产投资的亮点在于：

首先，北京民间固定资产投资在新冠疫情冲击之下呈现突然爆发和逆势增长态势（见图 13）。在 2020 年期间，1—12 月北京民间固定资产投资同比增速为 9.9％，成为北京固定资产投资增长的核心支撑力量。

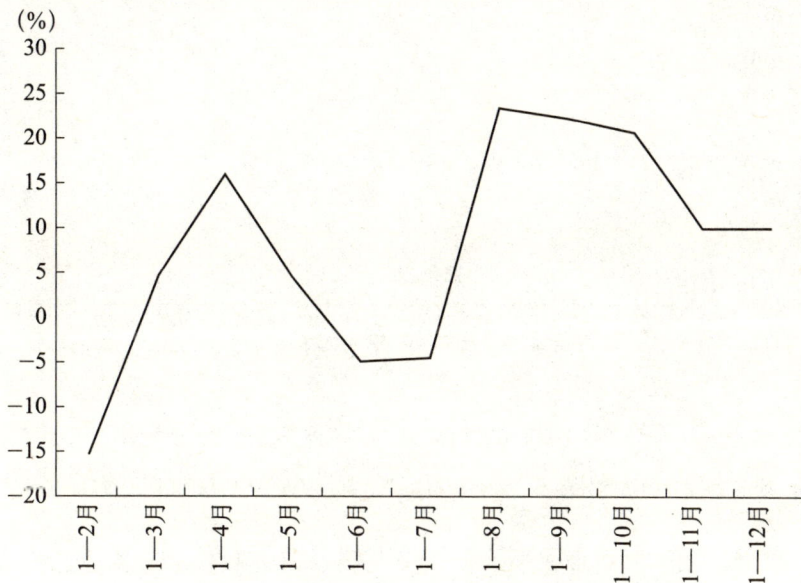

图 13　北京民间固定资产投资同比增速的变化趋势

其次，从企业所有制部门来看，北京的非国有内资和外商及港澳台商投资这两大部门的固定资产投资在新冠疫情冲击之下表现出逆势增长态势（见图 14）。2020 年 1—12 月北京非国有内资和外商及港澳台商投资的固定资产投资同比增速分别为 12.2％和 7.2％，显然是北京固定资产投资增长的核心支撑力量。其中，非国有内资部门固定资产投资的逆势爆发和增长态势更为突出，成为北京遭受新冠疫情冲击期间经济增长的中流砥柱。此外，外商及港澳台商部门对北京今后的经济前景具有一定的信心，在关键领域仍然保持了固定资产投资动力。

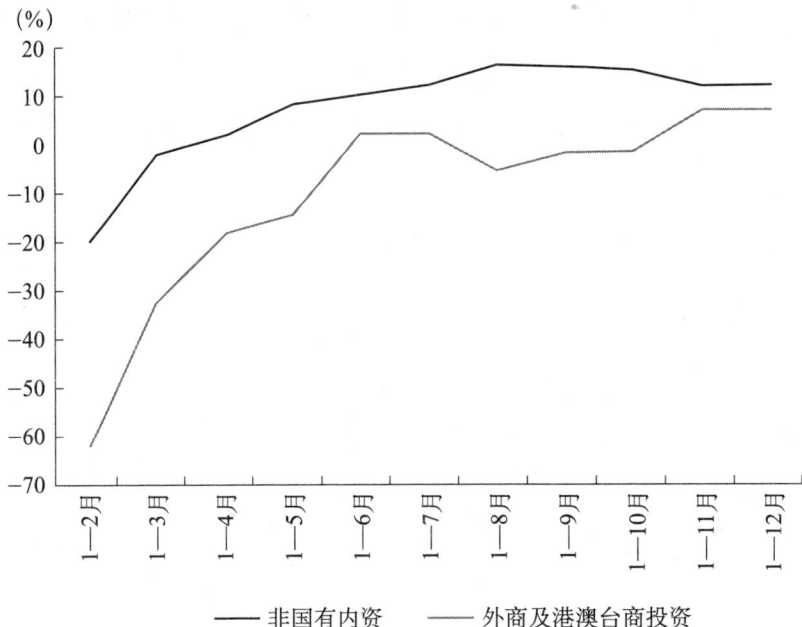

图 14　北京非国有内资和外商及港澳台商投资两大部门的固定资产投资同比增速的变化趋势

最后，从不同行业来看，制造业与科学研究和技术服务业这两大部门在新冠疫情冲击之下特别表现出爆发式的逆势增长态势（见图 15）。2020 年 1—12 月北京制造业与科学研究和技术服务业投资同比增速分别高达 76％和 70.4％，这不仅说明了制造业与科学研究和技术服务业的抗风险能力，也表明了北京具有发展制造业与科学研究和技术服务业这两大产业的巨大潜力。教育，卫生和社会工作，以及文化、体育和娱乐业这三大部门在新冠疫情冲击之下也表现出显著的逆势增长态势。2020 年 1—12 月这三个行业的固定资产投资同比增速分别高达 35.6％、24.2％和 2.9％，这些行业的发展均与新冠疫情冲击带来的正面效应有关。值得重视的是，住宿和餐饮业在 2020 年呈现逆势爆发增长态势。2020 年 1—12 月该行业的固定资产投资同比增速为 22.6%。这表明，一方面，新冠疫情冲击加大了这些行业的竞争性淘汰压力，新企业必然进行更新投资；另一方面，由于北京存在中高端收入群体的稳定盘，所以北京对住宿和餐饮业的消费能力仍然强劲。

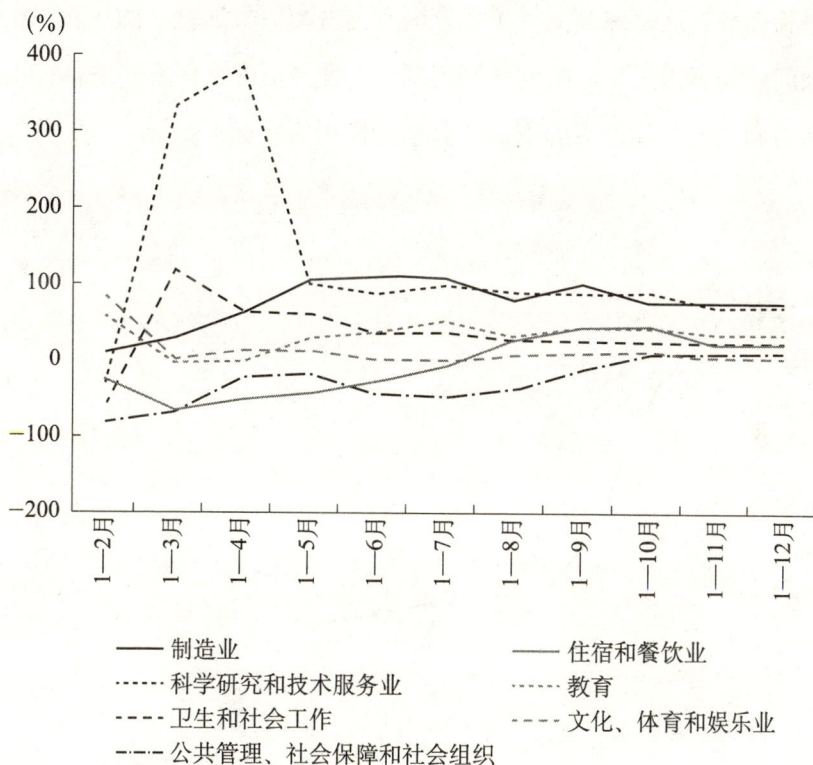

图 15　北京各行业固定资产投资同比增速的变化趋势

2020 年北京固定资产投资的问题在于以下几方面：

首先，国有内资部门投资动力不足已经成为制约当前北京高质量投资能力的重要因素。2020 年 1—12 月北京国有内资固定资产投资同比增速为-15.2%（见图16），远远低于1—11月上海国有内资固定资产投资同比增速8.4%。这些对比数据深刻表明，首都北京的国有内资部门中可能存在较为突出的发展能力不足问题。2020年北京国有内资部门产生的投资增速负增长态势，不能仅仅归结为新冠疫情冲击的原因。这是因为，同样遭受了新冠疫情冲击的上海，其国有内资部门发生了逆势增长态势。这就深刻揭示了北京国有内资部门可能存在的产业结构不合理问题乃至深层次的机制体制问题。无法激活北京国有经济部门的投资活力和动力，就难以实现北京高质量发展的目标。

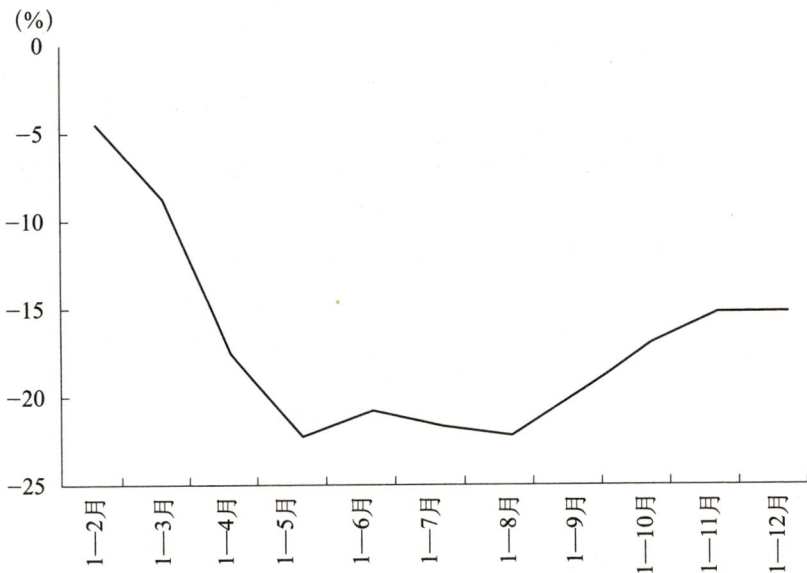

图16　北京国有内资固定资产投资同比增速的变化趋势

其次，2020年1—12月期间，批发和零售业，交通运输、仓储和邮政业，以及租赁和商务服务业固定资产投资同比增速分别为-46.7%、-18.5%和-35.1%（见图17），在新冠疫情冲击之下呈现出大幅度下滑态势。对比上海的统计数据来看，同样在新冠疫情冲击之下，上海 1—11 月的批发和零售业与交通运输、仓储和邮政业的固定资产投资同比增速分别为－15.5％和－21.2％。上海的批发和零售业的固定资产投资动力下滑程度要小于北京。

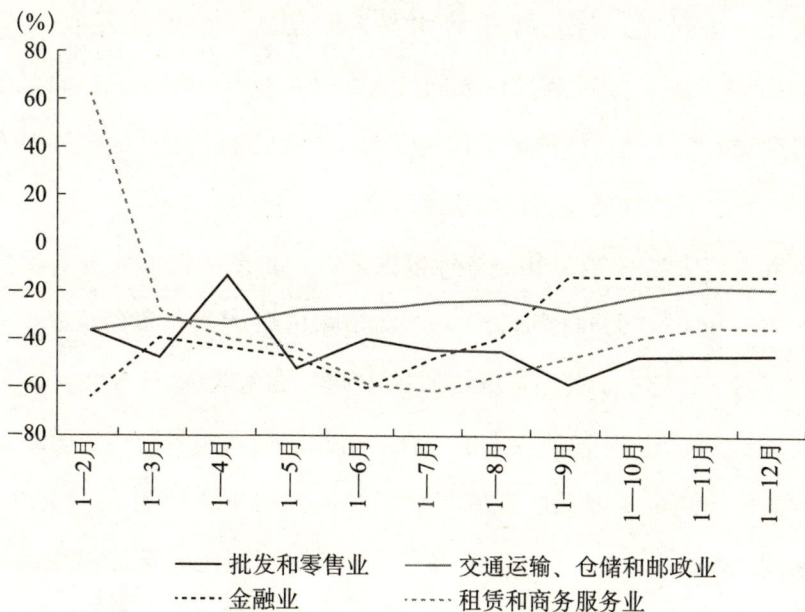

图 17　北京各行业固定资产投资同比增速的变化趋势

最后，作为北京增加值和税收贡献的最重要支撑产业，2020 年 1—12 月北京金融业固定资产投资同比增速为－13.4％，对比来看，2020 年 1—11 月上海金融业固定资产投资同比增速为－16.1％。作为中国的现实金融中心，北京和上海的金融业共同面临投资动力不足的问题，这说明现阶段金融业在中国的发展能力可能面临"天花板"效应，进而导致投资动力不足，这可能会对北京今后保持税收稳定和维持增加值增长基础稳定带来难以忽略的风险和挑战。

（5）2020 年北京居民人均可支配收入在新冠疫情的冲击下保持了稳定增长态势。但是，可能存在的突出问题是：一方面，北京居民人均可支配收入的增长并未对北京消费能力提升形成足够的支撑力，消费外溢现象比较突出；另一方面，2020 年北京人均地区生产总值约为 2.4 万美元，达到发达经济体中等水平。但是，人均可支配收入只有 10 067.71 美元。2017 年美国人均可支配收入为 45 480 美元，北京自身距离高收入发达经济体的差距仍然巨大，所面临的从发达经济体中等水平到高等水平的发展任务仍然艰巨。

首先，从北京 2020 年的统计数据来看，北京居民人均可支配收入为 69 434 元，名义同比增长 2.5%，扣除价格因素，实际增长 0.8%（＝2.5%－1.7%），其中，城镇居民人均可支配收入 75 602 元，名义同比增长 2.4%。从四项收入构成看，经营性收入成为制约当前北京居民收入增长的重要因素。2020 年北京居民人均工资性收入 41 439 元，名义同比增长 0.5%；人均经营净收入 812 元，同比下降 32.4%；人均财产净收入 11 789 元，同比增长 4.7%；人均转移净收入 15 394 元，同比增长 9.3%。其中，城镇居民人均工资性收入 44 620 元，同比增长 0.7%；人均经营净收入 685 元，同比下降 33.8%；人均财产净收入 13 152 元，同比增长 3.6%；人均转移净收入 17 145 元，同比增长 8.5%。

其次，与全国层面的统计数据对比来看，2020 年，全国居民人均可支配收入 32 189 元，比上年名义增长 4.7%。2020 年各省份人均可支配收入见表 4。扣除价格因素后，全国居民人均可支配收入实际增长

2.1％，与经济增长基本同步。由此可见，2020 年北京居民人均可支配收入实际增速（0.8％）已经低于全国水平（2.1％）。与其他省份相比，2020 年北京居民人均可支配收入名义同比增速 2.5％，实际增速 0.8％，显著落后于上海的 4.0％和 2.3％、重庆的 6.6％和 4.3％、天津的 3.4％和 1.4％。由此可以看出的事实是，北京居民人均可支配收入的增速不仅已经低于全国平均水平和其他发达地区，而且北京的人均可支配收入已经全面落后于上海。

表 4　2020 年各省份人均可支配收入比较

省份	人均可支配收入（元）
上海	72 232
北京	69 434
浙江	52 397
天津	43 854
江苏	43 390
广东	41 029
福建	37 202
山东	32 886
辽宁	32 738
内蒙古	31 497
重庆	30 824
湖南	29 380
安徽	28 103
江西	28 017
海南	27 904
湖北	27 881
河北	27 136

续表

省份	人均可支配收入（元）
四川	26 522
陕西	26 226
吉林	25 751
宁夏	25 735
山西	25 214
黑龙江	24 902
河南	24 810
广西	24 562
青海	24 037
新疆	23 845
云南	23 295
贵州	21 795
西藏	21 744
甘肃	20 335

　　我们担心的是，在上海人均可支配收入规模和增速已经全面领先和高于北京的情形下，北京打造全球的数字经济标杆城市和国际消费中心城市的目标必然会受到来自上海的直接竞争和巨大挑战。中国当前能否建成两个全球的数字经济标杆城市和国际消费中心城市？这里存在极大的疑问和不确定性。更为重要的是，我们所担心的问题是，2021—2035 年，中国正在进入中等收入群体快速扩张和居民可支配收入至少翻一番的关键发展阶段，北京人均可支配收入能否尽快从 2020 年的 10 067.71 美元增长到 50 000 美元甚至更高，是北京能否成为全球伟大社会主义国家伟大首都的重要指标目标。问题是，支撑北京居民人均可支配收入特别是北京环周边区县落后地区的居民人均

可支配收入翻两番的产业基础究竟是什么？如何构建？这是北京必须回答和解答的重大时代课题。

（6）北京居民消费价格指数已经从高位进入低位运行，市场平稳性状态明显（见图 18）。而北京生产价格指数呈现持续负向增长态势，说明北京多数生产企业部门均处于供给大于需求的基本态势，短期内供给侧的恢复能力也面临压力。

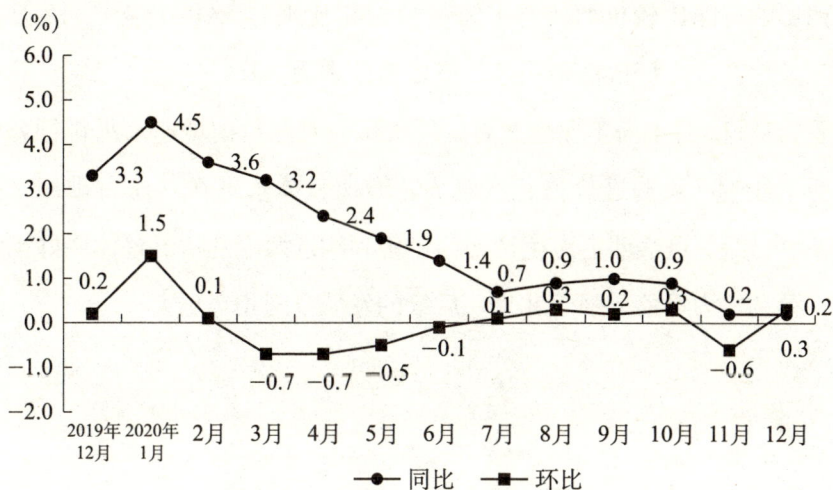

图 18　北京居民消费价格指数涨跌幅

2020 年 1—12 月北京居民消费价格指数总水平比上年同期上涨 1.7%。具体的变化趋势是，从 1 月的 4.5% 高位持续下滑，到 7 月份则稳定在 1% 以下，到 11 月和 12 月稳定在 0.2%。我们担心的问题是，如果 2021 年北京居民消费价格指数持续在较低水平运行，这可能反映的是北京消费能力持续下滑的影响效应。

2020 年 1—12 月北京工业生产者出厂价格比上年下降 0.9%，工业生产者购进价格比上年下降 0.5%。具体来看，北京工业生产者出厂价

格在 4 月份就进入负向增长态势，4—12 月一直在−2％～−1％之间徘
徊（见图 19），工业部门供给大于需求的状态非常明显。而北京工业生
产者购进价格在 3—7 月呈现出负增长的 V 形态势，在 7 月之后就进入
正增长态势（见图 20）。这其中蕴含的事实是，北京生产部门销售产品
面临较为突出的需求不足现象，而生产部门购买产品面临轻微的供给紧
张现象，这会进一步挤压北京生产企业的盈利能力，后期对北京生产部
门的影响可能比较负面。与上海的数据相比来看，2020 年 1—12 月上
海工业生产者出厂价格和购进价格增速分别为−1.7％和−3.1％。具体
来看，1—12 月上海工业生产者出厂价格一直在负向增速水平徘徊，而
上海工业生产者购进价格起伏较大，增速整体水平在 0 左右徘徊（由
图 21 可知）。这表明上海生产部门销售和购进两端的情况整体要好于北
京，盈利能力可能要强于北京，后续的发展空间相对更大。

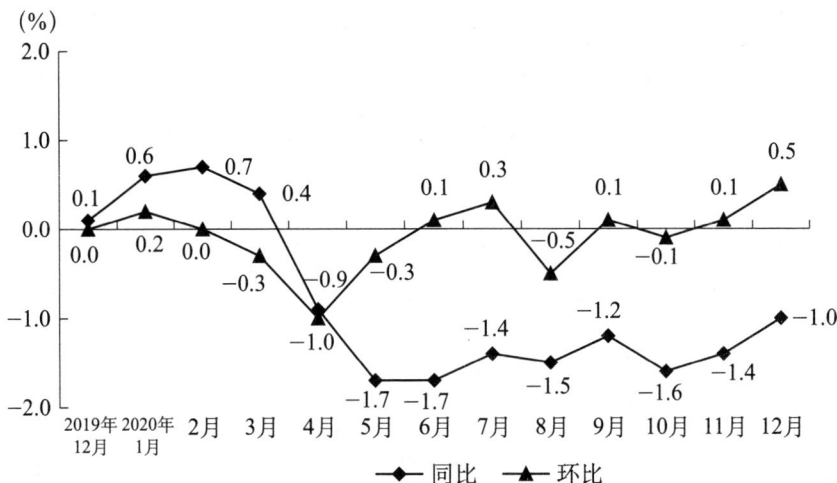

图 19　北京工业生产者出厂价格涨跌幅

(%)

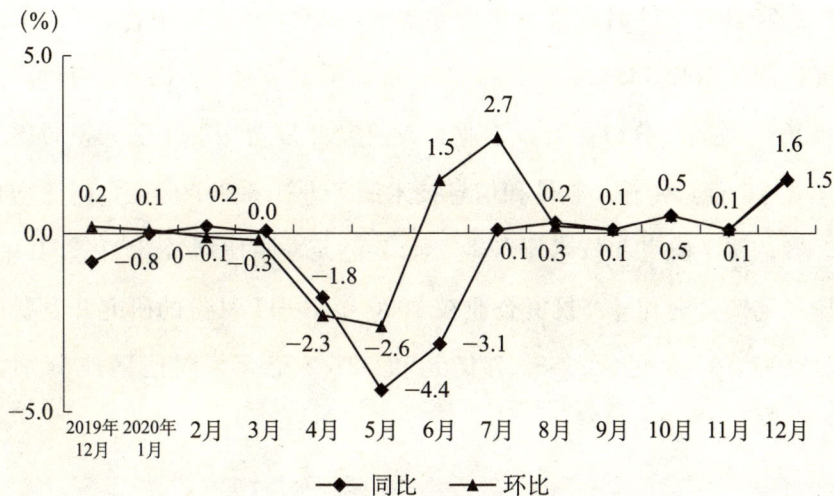

图 20 北京工业生产者购进价格涨跌幅

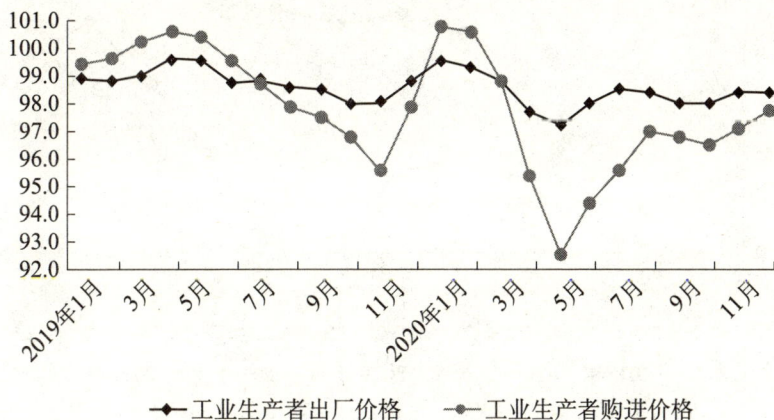

图 21 上海工业生产者出厂价格和购进价格

（7）北京大中型重点企业部门创新研发投入逆势增长态势比较稳固。但是，更要关注的客观事实是，内资企业创新研发投入呈现相对弱化态势，工业企业创新研发投入呈现相对弱化态势。

2020 年 1—11 月北京大中型重点企业研究开发费用合计12 193.5
亿元，同比增长 14.7％（见图 22）；期末有效发明专利 13.3 万件，同
比增长 22.7％。分行业看，工业企业研究开发费用 344 亿元，同比增
长 7.2％；信息传输、软件和信息技术服务业 1 603.7 亿元，同比增长
18.5％；科学研究和技术服务业 245.7 亿元，同比增长 3.1％。其中，
内资、港澳台资和外商投资企业在 2020 年 1—11 月份的研究开发费用
分别为 1 291.5 亿元、580.7 亿元和 321.2 亿元，同比增速分别为
9.6％、27.9％和 14.7％。

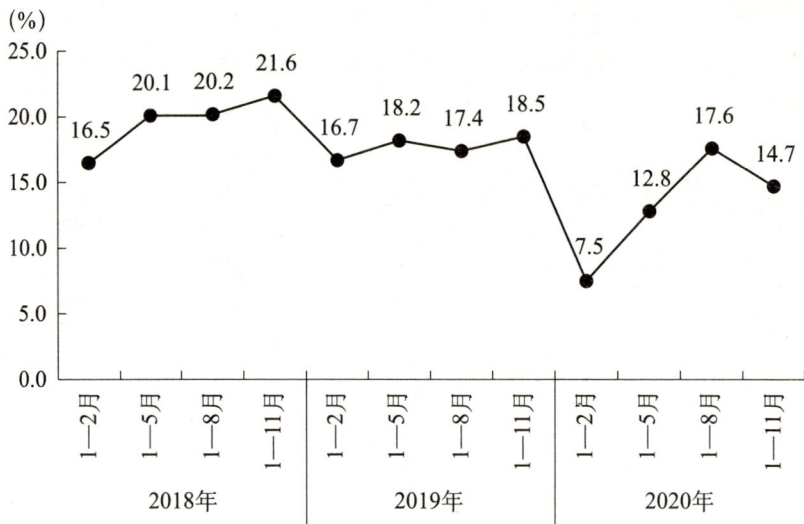

图 22　北京大中型重点企业研究开发费用增速

由此可以观察到的基本事实是：一方面，相比 2018 年和 2019 年，
2020 年北京的大中型重点企业研究开发费用同比增速仍然呈现逐步下
降趋势，2018 年 1—11 月和 2019 年 1—11 月的大中型重点企业研究开
发费用同比增速分别为 21.6％和 18.5％，而 2020 年 1—11 月增速只有

14.7％，下滑态势显著，这说明北京的大中型重点企业研究开发投入动力呈现下降态势；另一方面，港澳台资和外商投资企业的研究开发费用在 2020 年新冠疫情冲击之下呈现逆势增加态势，增幅远远超过内资企业，说明外资企业更加强化市场竞争力，对中国本土企业带来的竞争效应更为突出。

与此同时，2020 年 1—11 月大中型企业新产品销售收入达到 3 899.5 亿元，同比增速为－0.5％。其中，内资、港澳台资和外商投资型的大中型企业新产品销售收入额分别为 2 010.2 亿元、1 255.5 亿元和 633.8 亿元，同比增速分别为 3.4％、21.6％和－32.8％。工业，信息传输、软件和信息技术服务业，以及科学研究和技术服务业中的大中型企业新产品销售收入额分别为 3 295.9 亿元、345.6 亿元和 257.9 亿元，同比增速分别为 0.1％、－15.1％和 17.3％。

由以上数据可以解读的重大信息是，一方面，北京工业部门以 344 亿元的研究开发费用，可以转化为 3 295.9 亿元的新产品销售收入，而北京的信息传输、软件和信息技术服务业则以 1 603.7 亿元研究开发费用转化为 345.6 亿元新产品销售收入，科学研究和技术服务业以 245.7 亿元研究开发费用转化为 257.9 亿元新产品销售收入。北京的工业部门从研发到新产品的转化能力，远远高于信息传输、软件和信息技术服务业，科学研究和技术服务业。这再次证明了发展具有自主创新研发能力的高端制造业体系对北京经济的极端重要性，否则北京就会陷入巨额创新研发投入换不来 GDP 和税收的发展困局之中。

（8）需要再次强调的客观事实是北京的财政收入和支出压力。该压力自从 2018 年开始实施疏解整治促提升政策时就已逐步呈现，只是在 2020 年新冠疫情冲击下逐步凸显而已。北京财政收支压力是实施减量发展战略过程中必然会发生的现象，其也会伴随北京高精尖产业体系的建成而缓解甚至消失，不必在短期内过度关注。

2020 年 1—10 月，北京一般公共预算收入完成 4 712.6 亿元，下降 9.1%，收入降幅已连续 6 个月收窄。其中北京 1—10 月税收收入完成 3 997.4 亿元，下降 6.3%。10 月税收收入增长 6.1%，已连续 3 个月实现正增长。三大主体税种均呈向好趋势：增值税完成 1 382.0 亿元，下降 13.7%，降幅较上月收窄 2.1 个百分点，主要是由工业、服务业加快复苏带动；企业所得税完成 1 062.4 亿元，下降 6.3%，降幅较上月收窄 1 个百分点，主要是由企业盈利状况逐步好转带动；个人所得税完成 505.7 亿元，增长 11.3%，主要由个税新政进入可比期及居民收入增长带动。2020 年 1—10 月，北京非税收入完成 715.2 亿元，下降 21.9%，主要是由落实减税降费政策及上年同期市属国企集中上缴利润抬高基数所致。

2020 年 1—10 月，北京一般公共预算支出完成 5 659.9 亿元，下降 3.8%，完成年度预算的 80.5%，略低于时间进度 2.8 个百分点。从支出结构看，北京社会保障和就业、卫生健康、灾害防治及应急管理等支出均呈两位数增长。其中：社会保障和就业支出完成 952.0 亿元，增长 19.3%；卫生健康支出完成 475.4 亿元，增长 16.9%；灾害防治及应急管理支出完成 34.9 亿元，增长 16.5%。随着学校教学正常化及文化体育活动恢复举办，教育支出 1—10 月完成 817.4 亿元，降幅由负转为持平；文化旅游体育与传媒支出 1—10 月完成 160.3 亿元，下降 19.8%，降幅收窄 0.3 个百分点。

（9）在北京经济高质量发展中的突出问题是出口动力不足和高端产品进口强劲的内在矛盾问题，这在很大程度上会制约北京的"两区"和"双中心"的推进和建设。

2020 年 1—11 月，北京实际利用外资 138.2 亿美元。对比来看，2020 年 1—11 月上海实际利用外资 190.35 亿美元，全年为 202.33 亿美元。2019 年 1—12 月北京和上海实际利用外资分别为 142.1 亿美元和 190.48 亿美元。北京在吸引外资方面的整体实力全面落后于上海的既定态势日益明显。

2020 年 1—11 月，北京出口额为 4 277.51 亿元，进口额为 16 894.28 亿元，贸易逆差额高达 12 616.77 亿元。对比上海的数据来看，2020 年 1—11 月，上海进口额达到 19 047.84 亿元，出口额为 12 460.69 亿元，贸易逆差额为 6 587.15 亿元。从北京和上海的进出口数据来看，上海的进口额以较大幅度高于北京，上海的出口额也远高于北京，因此，北京的贸易逆差额远远高于上海。

综合以上两方面的分析，可以判断的基本事实是，一方面，北京在对外开放程度和与发达国家接轨的营商环境方面要弱于上海；另一方面，北京在进出口能力方面也远远落后于上海，因此在"十四五"期间北京推进"两区"和"双中心"的建设会面临来自上海的直接竞争。北京是全国唯一同时获批国家服务业扩大开放综合示范区和中国（北京）自由贸易试验区的地区，也是最具备同时建设"国际科技创新中心"和

"国际消费中心城市"能力的少数城市。我们担心的是，面对上海的直接竞争和巨大压力，北京与上海的差距会越来越大。

二、 如何深入理解从供给侧和需求侧双重推进角度落实北京"十四五"期间高质量发展任务的极端重要性

《中共中央关于制定国民经济和社会发展第十四个五年规划和二〇三五年远景目标的建议》强调，坚持扩大内需这个战略基点，加快培育完整内需体系，把实施扩大内需战略同深化供给侧结构性改革有机结合起来，以创新驱动、高质量供给引领和创造新需求。优化供给结构，改善供给质量，提升供给体系对国内需求的适配性。完善扩大内需的政策支撑体系，形成需求牵引供给、供给创造需求的更高水平动态平衡。

2020 年 12 月的中央经济工作会议再次强调，构建新发展格局明年要迈好第一步，见到新气象。加快构建以国内大循环为主体、国内国际双循环相互促进的新发展格局，要紧紧抓住供给侧结构性改革这条主线，注重需求侧管理，打通堵点，补齐短板，贯通生产、分配、流通、消费各环节，形成需求牵引供给、供给创造需求的更高水平动态平衡，提升国民经济体系整体效能。要更加注重以深化改革开放增强发展内生动力，在一些关键点上发力见效，起到牵一发而动全身的效果。

综合分析进入 2010 年以来北京各项核心宏观经济指标的变化趋势，特别是自 2020 年全球新冠疫情暴发以来，北京 2020 年各季度各项核心宏观经济指标的变化趋势，并着重结合分析北京经济发展进程背后所逐

步暴露出的一系列深层次现象或问题，针对北京即将进入第二个百年征程的"十四五"期间的开局年份，必须要高度重视当前阶段北京在供给侧和需求侧所同时暴露出来的一系列深层次重大问题以及其中的突出发展风险，对此加以全面科学分析和采取主动应对措施。

客观事实是，相比上海、深圳等其他国内超大城市，当前北京经济正在面临尤为突出的供给侧和需求侧的双重压力和挑战。而且北京在供给侧所面临的重大问题的解决需要中长期结构性改革的全面努力，而北京需求侧所面临的重大问题，不仅仅是短期问题，也是重要的中长期结构性问题，既需要短期的需求侧管理政策，更需要中长期的需求侧结构性改革政策的深入推进和系统性解决。

客观来看，一方面，北京需求侧所面临的核心问题是相比上海、深圳等国内其他超大城市，北京在消费能力恢复方面存在相对严重滞后的重大现象，特别表现为在加快实施疏解整治促提升和布局减量发展战略的过程中，由于一般制造业和部分服务业的加快疏解和外迁，外来打工和就业人口数量短期内较大幅度减少，造成绝对消费能力下降。因此，促消费、稳消费、扩消费，引进外消费，加快建设区域消费中心城市和国际消费中心城市，成为当前北京经济在需求侧迫切需要推进的首要发展任务。另一方面，当前北京供给侧所面临的核心问题主要是高精尖产业体系的培育和发展相对不足，特别是发展高精尖制造业体系和战略性新兴产业的产业链布局能力相对不足，发展高精尖制造业体系和战略性新兴产业的产业链的营商环境和综合优势相对不足。具体来看，以智能制造和产业链集成制造为主的高端制造业投资动力相对不足。集中到一点，就是北京经济发展中存在以智能制造和产业链集群为主的高端制造业体系培育和发展不足的问题。

（一）当前北京需求侧存在的突出问题与内在机制

在面临全球疫情冲击、疏解整治促提升、执行人口规模上限政策这三种叠加冲击作用之下，北京的消费能力出现了周期性下滑和结构性下降双重叠加的现象。而要深入认识和科学把握北京作为国内的超大城市在需求侧所面临的一系列重要周期性问题和深层次结构性问题，必须将北京当前的核心消费指标，与在经济规模体量、发展战略定位和人口规模比较类似的上海进行全面对比分析，才可以探寻出制约当前北京需求侧和消费能力提升方面的核心因素和内在机制。

第一，与上海相比，北京消费能力下滑现象从 2017 年就已经出现，并不能将它简单地完全归结为全球新冠疫情的短期负面冲击。这深刻说明北京当前在消费能力方面已经出现了较为突出的结构性问题，而非新冠疫情冲击带来的短期内的简单的周期性问题。在 2016 年之前（包括 2016 年），北京的社会零售销售总额始终高于上海，但是，在 2016 年之后出现了上海社会零售销售总额逐步高于北京的重大现象（见图 23）。具体来看，在 2017 年、2018 年和 2019 年，上海和北京的社会零售销售总额分别为 11 830.27 亿元、12 668.69 亿元、13 497.21 亿元和 11 575.44 亿元、11 747.68 亿元、12 270.10 亿元，二者的差距分别为 254.83 亿元、921.01 亿元和 1 227.11 亿元，扩大的差距日益显著。这种现象就说明，北京消费能力的下滑态势并不能完全归结为全球新冠疫情的负面冲击，它在 2017 年就出现了苗头。

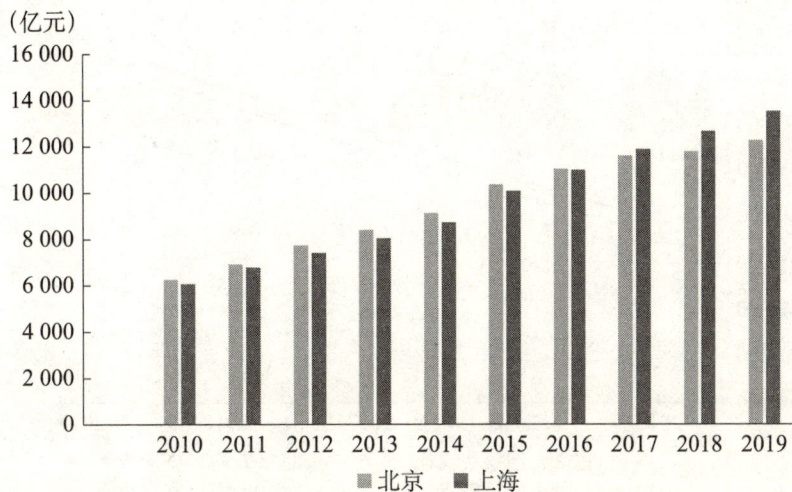

图 23　2010—2019 年北京和上海社会零售销售总额的变化趋势

第二，近年来，北京的人均消费支出和人均可支配收入均显著低于上海，而且差距有逐步扩大的态势（见图 24）。这表明北京既有的经济和产业基础对地区内居民收入和消费的支撑能力已经逐步弱于上海。具体来看，在 2015—2019 年期间，北京的人均消费支出和人均可支配收入分别为 33 803 元、35 416 元、37 425 元、39 843 元、43 038 元和 48 458 元、52 530 元、57 230 元、62 361 元、67 756 元，同期，上海的人均消费支出和人均可支配收入分别为 34 784 元、37 458 元、39 792 元、43 351 元、45 605 元和 49 867 元、54 305 元、58 988 元、64 183 元、69 442 元。上海和北京 2015—2019 年的人均消费支出的差距额分别为 981 元、2 042 元、2 367 元、3 508 元、2 567 元，而人均可支配收入的差距额分别为 1 409 元、1 775 元、1 758 元、1 822 元、1 686 元，两种差距整体上有拉大的态势。

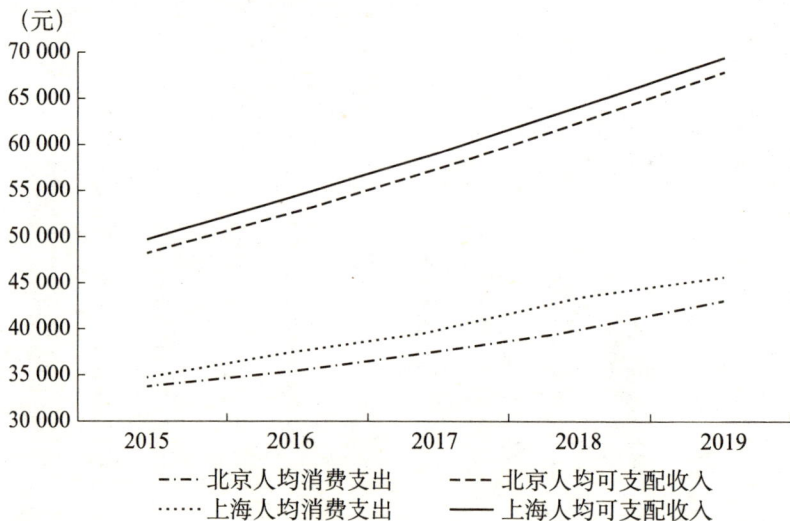

图 24　2015—2019 年北京和上海的人均消费支出和人均可支配收入的变化趋势

　　第三，在 2015—2019 年期间，上海的常住人口规模一直大于北京（见图 25），但是，上海的老龄化人口规模也大于北京（见图 26）。这就表明，人口老龄化未必是导致近期内北京消费能力下滑的主导因素。在 2015—2019 年期间，北京常住人口规模呈现较小幅度下降现象，而上海常住人口规模呈现较小幅度上升现象。具体来看，在 2015—2019 年期间，上海与北京的常住人口规模的差距分别为 244.77 万人、246.8 万人、247.63 万人、269.58 万人和 274.54 万人，呈现逐年持续扩大态势。这深刻表明，由于常住人口的稳定增加和外来打工群体的稳定性，上海相对严重的人口老龄化程度并未导致上海消费能力显著弱化，因此通过与上海的相关数据进行对比可以得出以下基本判断：导致北京近期消费能力弱化的根本原因并不能简单归结为人口老龄化问题，很有可能是疏解整治促提升政策深入且全面推进导致一般制造业迁出，带来外来打工和就业人口数量规模绝对减少这一因素。

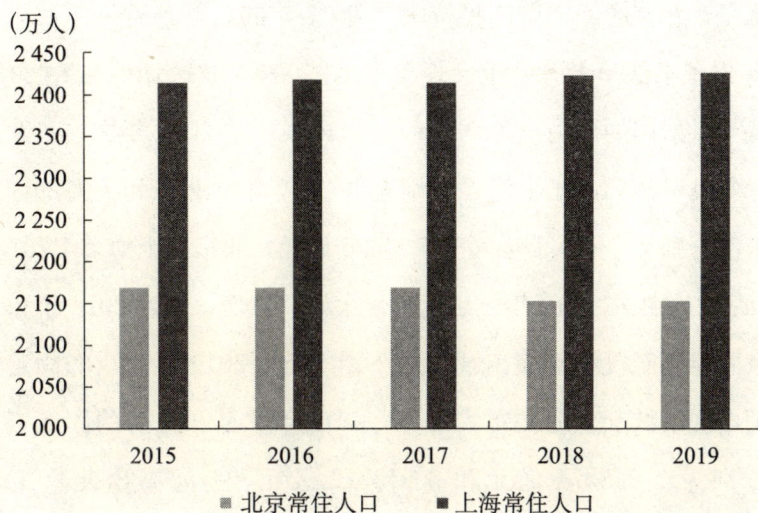

（万人）

图 25 北京和上海常住人口变化趋势

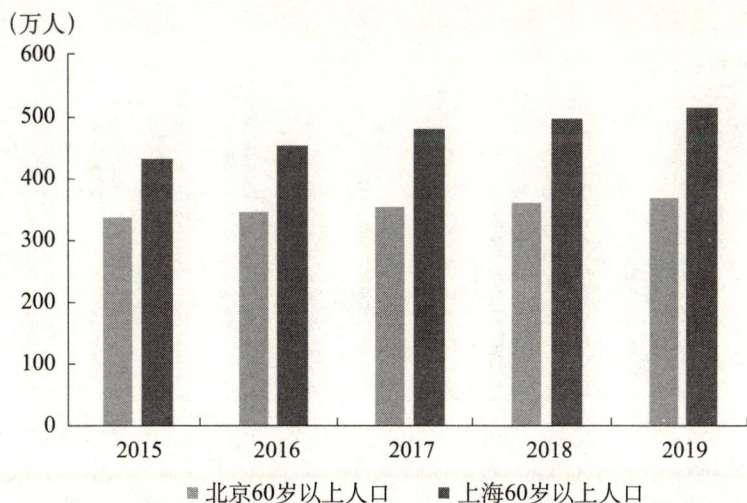

（万人）

图 26 北京和上海老龄化人口规模的变化趋势

（二）当前北京供给侧存在的突出问题与内在机制

第一，北京的固定资产投资额从 2017 年起就开始逐步下降，并在 2019 年出现了低于上海的重大现象（见图 27），这表明北京在 2019 年就出现了供给侧的能力全面弱化的突出现象。在 2018 年之前，北京的固定资产投资额均高于上海，特别是在 2017 年，北京和上海的固定资产投资额分别为 8 948.1 亿元和 7 246.6 亿元，北京比上海多 1 701.5 亿元，二者的差距在 2010 年之后达到最大值。然而，随着 2018 年和 2019 年北京固定资产投资规模出现持续下滑态势，2019 年北京的固定资产投资额出现了低于上海的重大现象，2019 年北京和上海的固定资产投资额分别为 7 868.74 亿元和 8 012.22 亿元，上海高出北京 143.48 亿元。

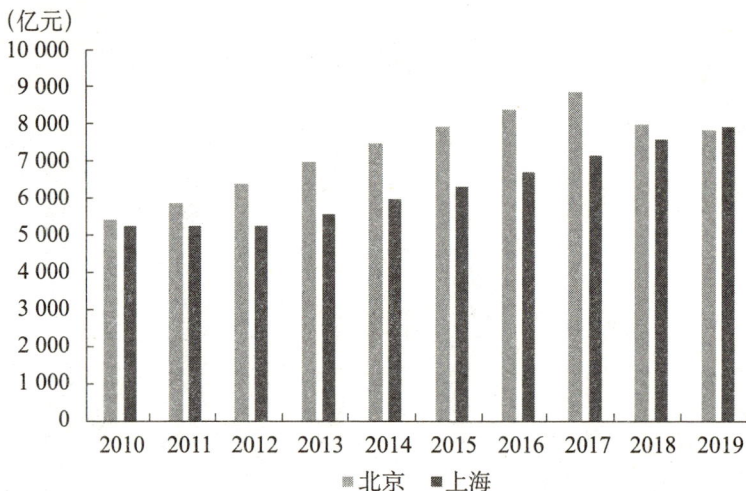

图 27　2010—2019 年北京和上海的固定资产投资额的变化趋势

第二，无论是从短期角度，还是中长期角度来看，北京的投资结构均出现了显著的扭曲性问题，导致北京的投资结构特别是投资主体结构可能难以支撑北京今后的高质量增长。

从短期角度来看，2020 年北京的国有内资固定资产投资同比增速为－11.5%，非国有内资固定资产投资同比增速为 10.6%，外商及港澳台商固定资产投资同比增速为 1.3%。对比上海的各项数据来看，上海 2020 年国有内资固定资产投资同比增速为 3.7%，非国有内资固定资产投资同比增速为 13.1%，其中，私营经济为 2.3%，股份制经济为 17.3%，外商及港澳台商经济为 11.5%。对比分析可以发现的基本事实是，同样是遭受新冠疫情冲击，北京和上海不同经济部门的固定资产投资增速发生了显著分化：一方面，北京的国有内资部门在疫情冲击下出现了固定资产投资较大幅度下滑现象，而上海却出现了小幅度增长的基本态势，二者的国有内资部门的市场竞争力和产业结构的优势孰高孰低一目了然；另一方面，上海的股份制经济和外商及港澳台商经济的固定资产投资同比增速远远超过北京，这就表明，上海的股份制企业和外资企业更具有市场竞争力。

从中长期角度来看，在 2010—2019 年期间，北京的国有内资部门固定资产投资占北京固定资产投资总额的比重在逐步上升，由 2010 年的 34.72% 经过 U 形变化趋势，逐步上升到 2019 年的 35.97%，而外商及港澳台商部门固定资产投资占北京固定资产投资总额的比重在逐步下滑，由 2010 年的 7.41% 经过倒 U 形变化态势，逐步变化到 2019 年的 7.70%。在 2010—2019 年期间，上海的国有内资部门和外商及港澳台商部门固定资产投资占上海固定资产投资总额的比重在逐步下降。国有内资部门由 2010 年的 42.01％逐步下降到 2019 年的 29.82％，外商及港澳台商部门由 2010 年的 12.92％经过倒 U 形变化态势，在达到 2015 年的 18.33％后又逐步下降到 2019 年的 13.72％；而股份制经济部门和非国有、非外资部门固定资产投资占上海固定资产投资总额的比重在逐步上升，分别由 2010 年的 22.57％、58.00％逐步上升到 2019 年的 41.36％、70.18％。

对比以上数据，可以得出的基本判断是：一方面，北京经济中的国有内资部门对北京经济增长的支撑作用相对越来越重要，同时，这也就意味着，北京的民营经济部门特别是最具有活力的股份制企业部门的投资活力和动力尚未得到充分激发，并且，外资经济部门在北京经济中的支撑作用也在逐步下降，因此，必须深刻思考如何在北京经济高质量发展的过程中定位好国有内资部门、非国有内资部门和外资部门之间的协调协同关系和相互支撑关系；另一方面，仅仅从上海和北京在 2010—2019 年期间国有内资部门固定资产投资额的各自变化趋势来看（见图 28），二者规模的绝对差距相对有限。2019 年北京和上海的国有内资部门固定资产投资额分别为 2 830.18 亿元和 2 389.17 亿元，二者差距为 441.01 亿元，北京并不占有绝对优势。但是，在外资企业部门和股份制企业部门的固定资产投资规模方面，上海已经全面领先北京。

第三，北京战略性新兴产业增加值与上海的差距在逐步拉大，显示北京供给侧部门在战略性新兴产业发展方面存在相对短板以及发展环境

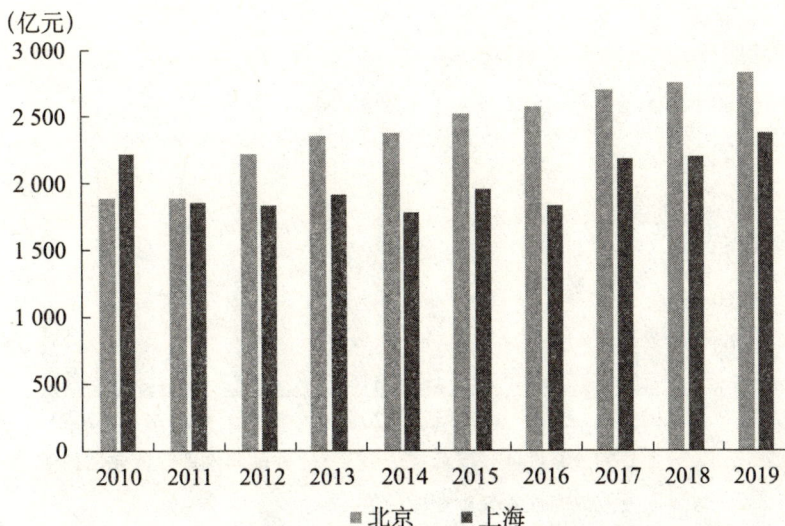

（亿元）

图 28　2010—2019 年北京和上海国有内资部门固定资产投资额

差距问题。一方面，从上海的战略性新兴产业增加值结构的变化趋势来
看（见图 29），上海的战略性新兴产业增加值从 2010 年的 2 997.5 亿元
快速增长到 2019 年的 6 133.22 亿元，而工业战略性新兴产业增加值从
2010 年的 1 511.14 亿元快速增长到 2019 年的 2 710.43 亿元，服务业战
略性新兴产业增加值从 2010 年的 1 486.36 亿元快速增长到 2019 年的
3 422.79 亿元。工业战略性新兴产业在上海经济中的地位非常突出。
北京的战略性新兴产业增加值从 2016 年的 3 824.3 亿元增长到 2018 年
的 4 893.4 亿元，与上海的差距分别为 357.96 亿元、412.21 亿元和
568.51 亿元，北京落后于上海的趋势愈加显著。这就意味着，无论是
从工业还是服务业的战略性新兴产业角度来看，北京在战略性新兴产业
的发展能力方面已经较大幅度落后于上海。

(亿元)

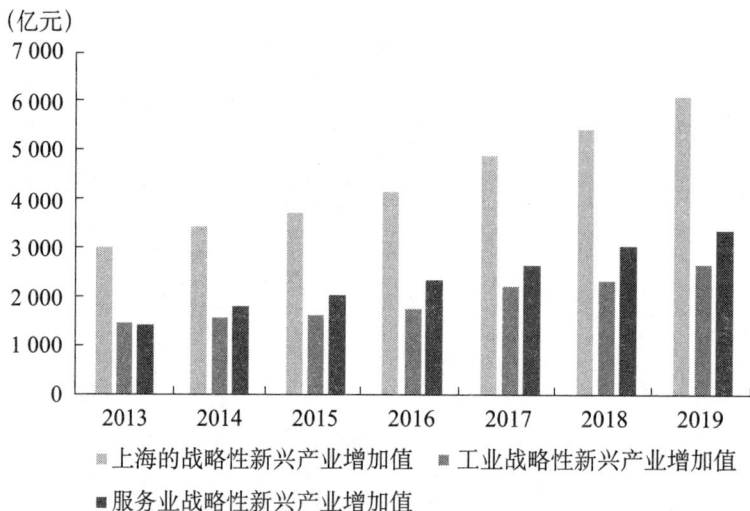

图 29　上海的战略性新兴产业增加值的结构性比较

三、　从供给侧和需求侧视角探寻制约当前北京经济高质量发展的核心问题

第一，消费能力恢复和发展动力不足问题已经成为束缚北京短期乃至中长期内经济高质量发展的关键因素。客观事实是，非首都功能在北京范围内的全面疏解所造成的一般制造业和批发市场等商业行业在北京的全面退出和迁出，必然会在短期内造成相应的就业人口规模的绝对收缩。

在我们看来，导致北京消费能力弱化的核心因素包括：

（1）新冠疫情冲击和疏解整治促提升过渡期带来的北京外来打工和就业人口规模的绝对收缩所导致的内源性消费缺口问题。需要高度关注的客观事实是，非首都功能全面疏解、一般制造业全面退出和批发市场全面关闭必然在短期内对北京的就业机会和外来人口造成负面冲击。2019 年和 2020 年北京常住人口规模的下降现象背后必然是外来打工人口规模的较大幅度收缩，进而必然造成北京房租的持续下滑。根据我爱我家北京区域的交易数据，2020 年北京住房租赁交易量同比 2019 年下滑 10.84%，这也是继 2019 年出现历史首次下滑后，北京住房租赁交易量的继续下滑，降幅有所扩大。2020 年在北京的住房租赁交易中，整租交易的平方米租金为 87.87 元/平方米/月，同比 2019 年下跌 5.35%；整租交易的套均租金为 5 581 元/套/月，同比 2019 年下跌 7.70%。另据贝壳研究院的数据，2020 年北京平均月租金为 82.8 元/平方米/月，同比下降 3.4%，是自 2012 年以来年度租金水平首次同比下跌；从月度租金水平看，自 2019 年 8 月开始连续 17 个月租金水平呈现同比下跌趋势（见图 30）。

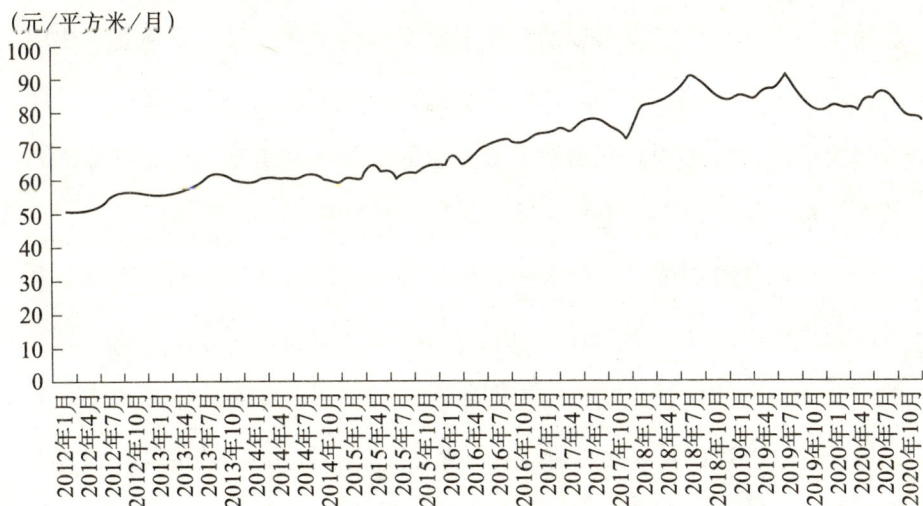

图 30　2012—2020 年北京房租价格变化趋势

（2）北京中高收入群体对国外高端品牌产品的偏好所引发的内源性高端消费不足问题。事实上，北京中高收入群体的消费偏好一直存在的一个重要弊端就是对国外高端品牌产品的偏好和需求已经固化，这就导致北京是中国最大的国外奢侈品和高端产品的进口消费城市。当然，从理性角度来看，这为北京打造国际消费中心城市奠定了良好的基础。然而，要打造和发展国际消费中心城市，不仅仅是成为国外高端品牌产品和奢侈品的销售地，更要成为生产和创造国际高端产品的集聚地，因此，必须主动利用北京的中高收入群体及其对高端高质量产品的庞大需求能力，全面塑造和打造北京成为国际高端产品的研发设计、制造和售后服务的全球重要集聚地。

（3）批发市场全面退出所诱发的北京的外源性中高端消费能力逐步弱化问题。客观事实是，北京曾经是京津冀区域中高端收入群体的区域购物中心，北京的批发市场的全面退出必然会削弱北京在京津冀板块中的区域性消费中心城市功能，而中端消费功能的弱化必然会逐步造成北京作为京津冀区域中高端消费中心能力的弱化，这也是导致北京传统高端商场和国际消费中心近年来逐步衰弱的重要原因。

（4）国外和国内来京旅游游客数量规模的逐步下降深刻说明了北京对国内外旅游的文化和现代文明吸引力已经全面弱化，这也是造成北京的外源性消费能力逐步弱化的重要因素。事实上，自从 2011 年以来，北京接待国内外游客人数就处于持续下滑态势（见图 31）。接待境外游客人数从 2011 年的 1 685 115 人次下降到 2019 年的 962 377 人次，而接待国内游客人数从 2011 年的 3 837 519 人次下降到 2019 年的 3 594 701 人次。而从上海的统计数据来看（见图 32），接待境外游客人数从 2015 年的 800.16 万人次逐步上升到 2019 年的 897.23 万人次，而接待国内游客人数从 2015 年的 2.7 亿人次逐步上升到 2019 年的 3.4 亿人次。北

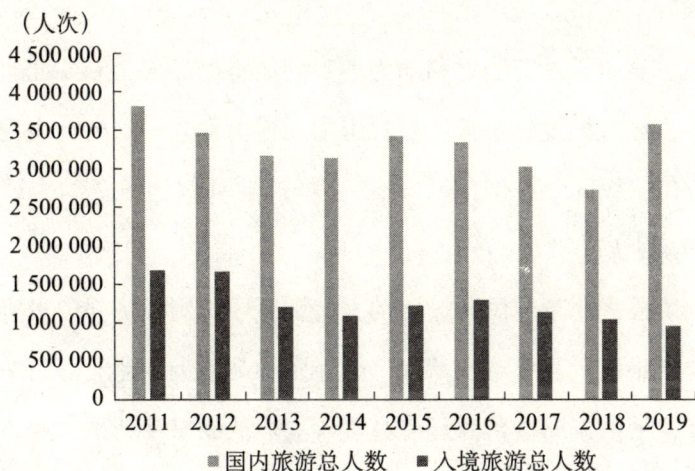

图 31 北京接待国内外游客人数的变化趋势

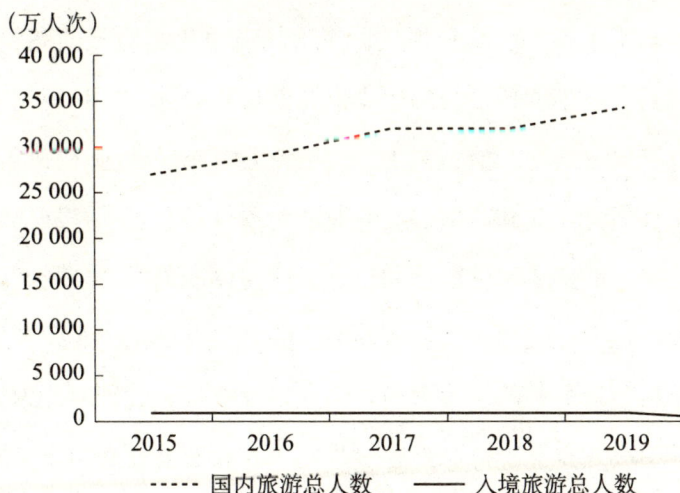

图 32 上海接待国内外游客人数的变化趋势

京和上海在接待国内外游客人数方面的巨大差异以及不同的变化趋势，深刻说明北京对国内外游客吸引力的突出劣势必然会造成北京的外源性消费能力严重不足。由此再次证明，相比北京，上海更有综合实力打造中国的国际消费中心城市。

第二，高质量投资能力和动力不足问题也已经成为制约北京短期乃至中长期内经济恢复到正常发展轨道的关键因素之一。突出表现为股份制经济部门（民间经济部门）、核心主导产业部门的投资动力严重下滑和动力不足困局。

当前阶段，北京的民间投资动力特别是股份制经济部门投资动力不足问题，与难以包容战略性新兴产业体系和高精尖制造业部门中小微企业培育和发展的偏向性营商环境高度有关。从战略性新兴产业体系和高精尖制造业体系培育和发展的内在逻辑来看，有两条基本原则：一是科技创新型中小微企业在这些产业体系发展中的基础性作用日益凸显。那些科技创新水平越是前沿和领先以及市场竞争越是激烈的高精尖产业，越是依赖具有自主创新活力的中小微企业加以支撑，并且越是依赖中小微企业逐步发展成为产业链的龙头企业、隐形冠军企业和独角兽企业。二是战略性新兴产业和高精尖制造业的竞争优势和发展格局体现在以基础研究为主导的产业基础能力和以创新链整体能力为主导的产业链集群能力方面，特别是表现在产业链体系中的龙头大规模企业和各层次的匹配型中小微企业的整合能力方面，因此，没有足够数量的地理邻近的供应链环节中小微企业支撑，就必然难以培育和发展战略性新兴产业和高精尖制造业。事实上，科技创新型中小微企业在北京培育、发展和壮大的难度极大，特别是人才落户障碍和产业链、供应链的配套体系严重不足等长期并未得到有效解决的机制体制性问题，已成为阻碍北京中小微企业发育成长的关键因素。

更为重要的基本事实是，自从 2013 年以来，北京固定资产投资最大的产业一直是房地产行业，北京的固定资产投资已经形成了对房地产行业的依赖特征。2013 年北京房地产行业固定资产投资额为 3 906.3 亿元，占总投资的比重为 55.55%，2020 年北京房地产行业固定资产投资额为 4 280.90 亿元，占总投资的比重为 53.23%，始终占据北京固定资产投资总额比重的半壁江山（见图 33）。

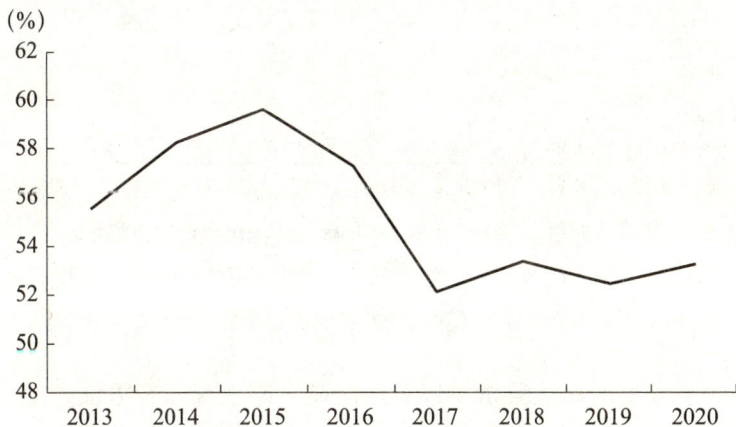

图 33　北京房地产行业固定资产投资占总投资的比重的变化趋势

对比来看，北京的四大支柱产业——制造业，金融业，信息传输、软件和信息技术服务业，科学研究和技术服务业，不仅固定资产投资额较低，而且，各行业的固定资产投资占北京固定资产投资总额的比重始终处于低位波动状态（见图 34）。具体来看，制造业的固定资产投资额由 2013 年的 467.8 亿元下降到 2019 年的 224.55 亿元，2020 年再次反弹到 374.10 亿元。金融业的固定资产投资额由 2013 年的 57.44 亿元下降到 2020 年的 39.41 亿元。信息传输、软件和信息技术服务业的固定资产投资额由 2013 年的 209.7 亿元上升到 2020 年的 323.58 亿元。科学研究和技术服务业的固定资产投资额由 2013 年的 127.4 亿元逐步上升到 2020 年的 175.87 亿元。

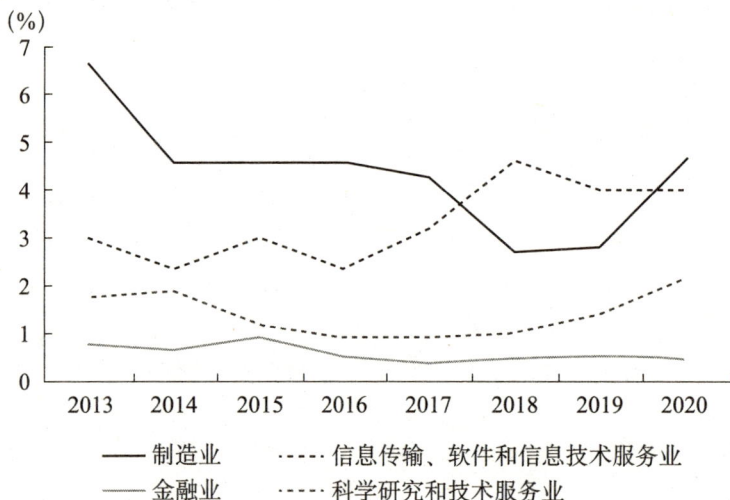

图 34 北京四大支柱产业固定资产投资占总投资的比重的变化趋势

由以上数据的对比分析可以看出的基本事实是：一方面，北京已经形成了对房地产投资的较为严重的依赖特征，要重视房地产行业对其他高科技产业固定资产投资可能的负面作用和挤出效应；另一方面，支撑北京高质量发展的制造业，金融业，信息传输、软件和信息技术服务业，科学研究和技术服务业这四大支柱产业，其固定资产投资始终处于波动式的低位发展水平（见图 35），处于发展动力不稳定和不足的基本状态，这将对北京今后的高质量发展带来严重的负面效应。

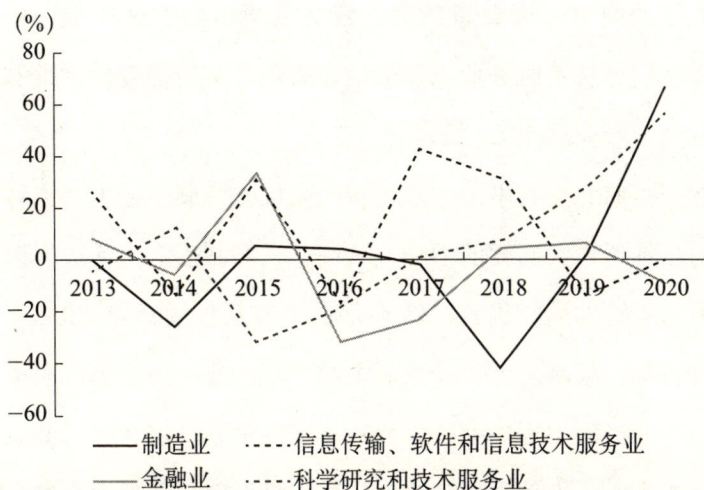

(%)

图 35　北京四大支柱产业固定资产投资同比增速的变化趋势

第三，推动北京高质量持续发展的最大资源优势在于人才优势，北京能够与上海直接竞争的优势也在于人才优势及其背后的领先高等教育体系。然而，当前北京中低端人才乃至部分高端人才出现了净流失和加快"南飞"的突出现象。面对北京当前阶段对各类中高端人才的吸引力和驻留力下降的重大问题，要从人才系统性的角度重新去思考北京的人才引进政策和驻留机制体制的突破性创新方向。

首先，北京的高质量发展模式需要高中低端人才的系统性协同作用，中低端人才的加速外迁和流失，长期之内会对北京高端人才的吸引力和驻留力造成严重的负面影响。客观事实是，任何高精尖产业体系和战略性新兴产业体系的培育和发展，均需要低中高端人才的集聚和协同作用。而且，越是处于前沿的高精尖产业体系和战略性新兴产业体系，越是需要低端服务业人口的强力支撑，其所需要的各个方面的相对中端和低端人才的绝对规模数量越大。就北京当前的支柱产业——信息传输、软件和信息技术服务业以及金融业来说，其所需要的中端和低端人才占到这两个产业就业人口的至少 40%。

其次，当前北京对中国"双一流"高校的博硕毕业生和本科毕业生的吸引力出现了较大幅度的下降。其中，户籍制度、生活成本以及购房机会是最为关键的影响因素。特别是在上海逐步放开对"985"学校本科生的严格落户限制之后，北京对中国"双一流"高校的博硕毕业生和本科毕业生的吸引力更加处于劣势。从长期来看，这必然对北京构建国际科技创新中心、推动高精尖产业体系、打造国际消费中心城市等发展任务造成极大的压力和挑战。因此，当前必须高度重视这些问题，从户籍制度的根本性创新式改革来强化北京对中高端人才和年轻人才的吸引力和驻留力。

最后，针对北京对全球尖端人才的吸引力和驻留力大幅度下降的基本事实，要全面认识西方国家利用北京雾霾天气、进京安全检查、疏解整治、新冠防疫等一系列事件来恶意丑化中国首都北京形象的重要后果。北京必须积极利用新型交流平台和策略，宣传首都新形象，对抗西方国家对中国首都的丑化行为。其中，必须强化北京的社会安全稳定和高度现代化城市两大核心特征。

第四，仔细观察和思考北京现有的支柱产业的发展格局，无论是从既有的高端制造业，还是从信息传输、软件和信息技术服务业，或是从科学研究和技术服务业发展角度来看，它们均未形成产业链或供应链体系和集群模式的发展格局，这是导致北京高精尖产业体系培育和发展相对滞后和缺乏全球领先竞争力的核心因素。

通过对北京中关村园区和各园区以及北京经济技术开发区的长期调研来看，我们一直在思考一个问题：为什么北京迄今为止还未发展起来高精尖产业体系特别是高精尖制造业体系，充其量只是在特定产业的单个环节或单个企业方面取得了发展成绩，出现了一些全球或全国领先企业？比如电子集成电路产业，北京在"十五"期间就明确定位发展电子集成电路产业，如今 20 年过去了，北京只是在电子集成电路产业的设计环节发展出一些代表性企业，而在更为重要的制造、封装、检测乃至各种重要的关键设备、关键材料和关键零配件的研发和生产能力方面，均未取得任何明显进展。依据我们的深入思考和对比分析，造成这种现象发生的突出因素就是北京各级政府在发展产业和招商引资的过程中尚未从产业链、供应链体系的全盘角度通盘考虑，也未从创新链和产业链融合发展的角度加以系统性考虑。

客观事实是，所有的高精尖产业体系和战略性新兴产业体系的培育和可持续发展均是一个产业链、供应链、创新链体系的系统性发展问题。一方面，高精尖产业体系和战略性新兴产业体系虽然有着强大的创新研发环节，但是，更需要高端制造业体系的全面支撑，并不能在地理区位或不同城市之间任意分割布局。而且，任何高精尖产业体系和战略性新兴产业体系的培育和发展均具有累积性发展特征，难以跳跃式发展。比如，要打造 12 纳米的电子芯片制造体系，就必须具备 90 纳米、28 纳米的电子芯片制造体系、生产工艺积累和各级人才积累。客观事实是，北京在几乎所有的高精尖产业体系和战略性新兴产业体系均未布局全球领先的制造体系，这造成的极大问题是，北京难以在下一代的 6G 产业、碳基集成电路产业、量子计算机产业等新兴方面取得任何生产制造优势，充其量只能继续充当深圳、上海等地技术转移的源泉。

另一方面，国家和地区的高精尖产业体系和战略性新兴产业体系的竞争优势愈发体现在整个产业的产业链、供应链、创新链体系方面，而非体现在单个环节的单个企业方面。当前北京发展高精尖产业体系存在的最为根本的问题就在于并未遵循基本的科学规律，从产业链、供应链、创新链体系的角度来谋划招商引资和发展壮大。无论是中关村还是北京经济技术开发区，产业混杂和不同类型企业扎堆的现象非常突出，产业链、供应链、创新链体系的发展思维尚未真正树立。

第五，北京的中小微企业发展能力特别是盈利能力呈现整体下滑态势，对北京实施的高质量发展战略造成了极大的阻碍作用。

北京要打造国际科技创新中心，必须在全球的前沿战略性新兴产业体系中拥有相当数量的科技创新型中小微企业，换言之，具有持续发展能力特别是盈利能力的相当数量的活跃中小微企业，是北京高质量发展的基础条件。但是，从 2015 年以来的数据来看，北京中小微企业的利润率（利润额/收入）均处于持续下滑态势之中。其中，中型企业的利润率由 2015 年的 6.24％下降到 2020 年的 4.08％，小型企业的利润率由 2015 年的 8.85％下降到 2020 年的 3.94％，而微型企业的利润率由 2015 年的 46.32％下降到 2020 年的 24.84％。

可以发现，一方面，北京微型企业的利润率要远远高于中型企业和小型企业，而小型企业的利润率略高于中型企业；另一方面，小型企业利润率的下降幅度超过一半，微型企业利润率的下降幅度接近一半，而中型企业利润率的下降幅度为三分之一。这说明的基本事实是，北京中小微企业的经营绩效一直处于下滑之中，北京的综合环境越来越不利于中小微企业的可持续增长。

第六，北京在"十四五"期间明确了将高端制造业增加值占 GDP 的比重维持在 15％ 的既定发展目标，但是，北京面临发展什么样的高端制造业以及如何招商引资高端制造项目的难题。事实上，当前北京在招商引资和培育发展高端制造业体系方面面临突出的综合高成本关键短板问题，尤为突出地表现为高昂的制度性交易成本、高企的人员用工成本、严重缺乏供应链配套企业等方面的重要问题，它们是当前必须突破的机制体制性问题。

我们经过对北京经济开发区制造业企业和园区管理人员的多次实地调研，收集到北京当前在招商引资高端制造业项目特别是大项目方面的突出问题，比较重要的问题依次是：一是众多企业反映在北京经营企业的最大弊端是很多原材料和零配件必须从长三角和珠三角地区采购，周边缺乏相应的产业链、供应链配套企业，影响企业正常经营活动；二是北京地区的中高级技工和工程师严重缺乏、招工特别难，由于房租房价过高和通勤成本较高，企业难以支付高工资来吸引中高级技工和工程师；三是一有雾霾天气就强迫企业停工停产，严重扰乱企业正常生产经营活动；四是通州、大兴、顺义地区的产业园区的配套基础设施建设严重滞后，仅仅依靠政府投入难以破解，撬动社会资本进入产业园区的前期基础设施配套建设，一直是开发难题。如何解决这些问题，已经成为北京在"十四五"期间将高端制造业增加值占 GDP 的比重提高到 15％ 的既定发展目标的重要改革突破口。

四、 处于"十四五"开局之年的北京经济高质量发展的工作重点与改革突破口

自从 2013 年以来，北京就进入了供给侧和需求侧结构性问题交互交织的特定发展阶段。我们极为担心的是，不要认为北京经济一定就能摆脱当前短期内供给侧和需求侧层面已经面临和发生的相互交织式的诸多发展困局问题。在 2021 年，北京有可能继续在低位增长水平徘徊，一段时期内的低位增长水平状态，有可能成为北京的发展常态问题。通过将北京与上海等其他国内超大规模城市近年来的核心经济指标数据进行对比分析，可以发现的客观事实是，北京已经在多个核心经济指标方面落后于上海，而且，按照既有的发展模式，上海领先北京的经济优势会越来越大。很简单的一个道理是，如果北京在经济各个核心指标方面以较大差距落后于上海，这必然会对北京作为中国首都的形象造成难以估量的负面影响。因此，必须毫不动摇地推动北京高质量发展，在今后的 30 年之内必须进一步提升北京的经济体量和经济质量，建成可以直接对标、媲美甚至领先西方主要发达国家首都的中国特色伟大首都。

针对北京在"十四五"开局之年如何推进北京特色的减量发展、创新发展和高质量发展，本质上来看，就是要优先科学把握和谋划处理好供给侧和需求侧共同推进和相互支撑式的独特发展模式。减量发展的目

的是优化供给侧的结构，夯实高端需求的提升基础，更好地促进供给和需求在更高水平互动发展模式的加速形成。但是，当前实施的减量发展政策，不仅在短期内对供给侧造成了暂时的负面冲击影响，也在短期内对需求侧的中低端需求能力造成了较为突出的负面冲击影响，这是北京减量发展战略推进中的必然代价和必须努力解决的短期发展困局问题。具体而言，就是既要关注短期内的供给侧和需求侧层面共同推进中所面临的一系列重大问题和热点问题，更要及早研判和有效解决中长期供给侧和需求侧层面共同推进中暴露出来的结构性问题和机制体制性障碍。因此，我们认为，推动北京高质量发展的政策举措重点，必须同时聚焦于短期和中长期两个方面的关键因素，本着"短期内以供给推动需求恢复，中长期内以供给结构性改革塑造高端需求结构形成""以中长期的供给侧和需求侧结构性改革夯实短期内供给侧和需求侧增长动力基础"的核心发展策略加以系统性地推进。

第一，明确作为中央政务区的首都功能区和作为推进北京高质量发展的经济承载区，彻底扭转以往北京发展格局中首都功能区和经济承载区过于集中和混合扎堆的发展困局，进而真正解决北京中心城区过于发达和拥挤所导致的"大城市病"和周边地区经济欠发达所导致的"大农村化"的北京特色的"中心—外围"发展失衡现象。

北京当前的"三城一区"以及中关村产业园区（一区十六园）的布局基本难以将北京周边区县的"大农村"带进行完全覆盖和发展辐射带动。因此，一方面，必须将制定和实施北京环产业带和北京南部产业发展带的战略推向当前更为重要的发展战略位置；另一方面，鼓励和激励北京北部和西部山区县的居民、要素和产业逐步向北京南部产业发展带转移和集聚，将北京南部产业发展带定位为化解北京周边地区"大农村化"格局的重要突破口，将其打造成国家共同富裕示范区和增加 500 万中等收入群体的重要承载地。

第二，能否打造成为国际消费中心城市对于北京今后的高质量发展至关重要，应加快破解当前制约北京加快建设国际消费中心城市和区域性消费中心城市所面临的核心机制体制性障碍，找准真正的改革突破口。

按照一般的发展逻辑，要逐步建设和发展成为国际消费中心城市，必须先建设成为区域性消费中心城市和全国消费中心城市，只有在区域和全国范围内成为中高端消费中心、中高端消费产品和奢侈品品牌创造中心以及批发物流中心，才能具备打造国际消费中心城市的基础条件。由这个基本逻辑来判断，中国当前最具备建设成为国际消费中心城市的包括北京、上海和深圳这三个城市。然而，在细致地分析过这三个城市的综合优势和发展定位之后可以发现，当前最有可能成为国际消费中心城市的是上海，而非北京。其原因在于：一方面，由于京津冀区域的中高端消费群体数量和消费能力严重低于长三角区域，再加上各类批发市场的全面迁出以及面临天津的直接竞争，北京已经不具备成为区域性消费中心的空间和机会，仅仅依靠北京自身的中高端消费群体规模，恐怕难以支撑北京成为国际消费中心城市；另一方面，上海不仅现代城市文明氛围相比北京更为突出，更符合中国年轻一代的生活情怀和中等收入群体的消费偏好，更为重要的是，上海的对外开放更加深入，国际化程度更高，现代城市文明更与发达国家接轨，外资企业相对更为集聚，并且上海本土企业的中高端产品和奢侈品品牌积累基础更为显著。上海更具备成为国际消费中心城市的基础条件。北京要打造成为国际消费中心城市，首先难以逾越的是要建成北方区域板块的中高端消费中心城市，其次缺乏的是中高端消费产品和奢侈品品牌创造和生产中心能力，最后不足的是批发物流中心的重要短板。因此，在北京自身人口规模已经以法定形式限制，意味着内源性消费能力已经被初步锁定的情形下，要强化消费和内需对北京经济高质量发展的支撑作用，必须大力引进和激活外源性消费能力特别是中高端外源性消费能力，彻底跳出"北京国内外旅游游客人次快速下滑→北京外源性消费能力严重不足→打造区域性消费中心城市能力不足→北京营造国际消费中心城市能力不足"的恶性循环路径。这些内在的突出矛盾就是北京今后必须足够重视和力图全面解决的重要改革突破口以及今后一段时期内的工作重点方向之一。

第三，扭转北京在招商引资高精尖产业和战略性新兴产业方面的综合劣势，化解北京在培育、发展和壮大高精尖制造业体系方面民间投资动力不足的困局，必须采取符合北京特色的全新招商引资模式和新型产业政策。

由于长期在高端制造业体系方面的布局不足以及各种环境制约问题，再加上面对长三角、粤港澳大湾区的直接竞争，甚至面临成都、武汉和合肥的直接竞争，北京实质上在相当程度上正在逐步丧失培育和发展高精尖制造业体系的累积性和系统性的全球竞争优势和关键制度环境条件。事实上，北京在一定程度上已经掉入了"高精尖产业链体系发展不足→增加高精尖企业在北京的经营成本→削弱北京在招商引资高精尖产业方面的综合优势→高精尖产业链体系发展不足"的发展陷阱。

北京各级政府的"十四五"规划均将通过加大针对高精尖产业的招商引资和实施巨额投资促进北京高质量发展作为核心发展目标。但是，摆脱国有投资依赖症，全面激活北京区域乃至京津冀区域内的高精尖产业体系的高质量投资，更为重要的是充分激活以股份制企业为主要形式的民间投资活力和动力，这是当前培育和发展北京高精尖产业体系的基础条件，是促进相应的产业链、供应链、创新链环节的科技创新中小微企业、独角兽企业、瞪羚企业以及隐形冠军企业的培育和发展的必然举措，更是夯实北京高质量发展基础条件的重点改革任务。

针对此困局，我们建议，北京在实施招商引资高精尖产业体系和战略性新兴产业的具体策略方面，要尽快实施以智能制造特别是以 CIDM（commune IDM，共享式 IDM）模式为主要形式的高精尖制造业体系的高质量投资，要全面重视和依靠 CIDM 模式的全新招商引资模式。所谓 CIDM 模式，是在国际 IDM（integrated device manufacture，整合元件制造）模式的基础上，根据中国实际情况演变来的适合中国半导体产业发展的新模式。核心模式就是创建共享共有式整合元件制造公司，将芯片设计、研发、制造、封测环节集于一体。在这一形式下，IC（集成电路）设计公司、中端应用企业、IC 制造商将通过合资公司的方式，成为一个荣辱与共的整体，资源共享同时风险共担。北京在今后高精尖制造业体系的招商引资策略中，要主动采取 CIDM 模式的全新招商引资模式，将之移植到所有战略性新兴产业的培育和发展过程之中。

第四，要以构建产业链、供应链和创新链融合体系的新发展思维，以打造世界级的数字经济集群策略，特别是将"硬科技"和"软科技"相结合的模式，作为打造全球数字经济标杆城市的基本发展策略。

"十四五"期间，打造全球数字经济标杆城市是北京实施高质量发展战略、构建北京特色的高精尖产业体系的核心抓手。然而，发展数字经济标杆城市千万不能只注重全面发展数字经济的"软科技"产业体系，而完全忽略了"硬科技"产业体系在发展数字经济中的基础性地位。没有强大的高端制造业体系为数字经济提供有效的运行、传输、存储、开发等载体平台和关键设备，就不可能保持和维护数字经济的正常运行、全球领先优势以及国家数字经济安全。因此，我们建议，北京在布局全球数字经济标杆城市的发展战略中，既要培育和发展数字经济"软科技"方面的标杆企业和全球领先企业，更要培育和夯实数字经济"硬科技"方面的本土高科技跨国企业和全球创新研发前沿企业。

第五，千万不能轻易掉入北京当前拥有国际一流营商环境的认识陷阱之中，千万不可高估当前北京营商环境的综合优势，要正确认识北京营商环境中存在的突出局限性和单一性问题。需要科学认识到的是，当前北京营商环境的核心优势只适合于金融体系、信息技术产业和科技创新活动的开展，而并不适合于高精尖产业体系特别是高精尖制造业体系的发展和运行，并且与发展高精尖产业体系之间存在较为突出的诸多方面的排斥效应和不兼容效应，因此，北京需要谋划与发展与高精尖产业体系特别是高精尖制造业体系相匹配的营商环境的全面改革，而不能故步自封、自以为是。

在世界银行 2020 年营商环境排名中，如果把北京的评分单独排名，相当于排名全球第 28 位。在国家发改委组织的中国主要城市营商环境评价中，北京已连续两年居全国第一。由中央广播电视总台编撰的《2019 中国城市营商环境报告》在对标世界银行营商环境评价体系标准，参照国际同行的评价指标，同时兼顾中国特色的原则上，重点围绕与市场主体密切相关的指标维度构建起了中国城市营商环境的评价体系，全方位评价了各城市营商环境状态水平。其中，北京的综合排名连续两年位居第一。

这些排名均将北京的营商环境列为中国第一。事实上，北京作为中国营商环境改革的样本城市，近年来通过简政放权、放管结合、优化服务改革，其营商环境取得了显著提升的发展成效。特别是北京在包括基础设施、人力资源、金融服务、政务环境、普惠创新等方面的领先优势非常突出。北京不仅取消了企业银行账户许可，首创动产担保统一登记，还推出了普惠性的 12345 企业服务热线机制和针对性的服务包、服务管家机制，帮助包括金融机构在内的企业解决发展过程中遇到的困难和问题，对于在京工作生活的金融人才，致力于提供更多的便利条件，改善金融人才的户籍、医疗、教育等政策环境。在"十四五"时期北京将继续对标国际先进规则和最佳实践，完善公共服务，提高服务效率，提升服务人性化、精细化水平，切实增强企业的获得感；也将持续强化科技手段运用，推进社会信用体系建设，提高法治保障水平，为营商环境改善贡献北京经验。

　　然而，更要关注的客观事实是，在北京积极推进的对标国际一流水平的营商环境建设和完善进程中，有一个愈发凸显的问题或者说是短板值得高度关注。这就是，在北京的营商环境改革和完善过程中，存在偏向于发展金融体系、信息技术产业和科技创新活动，而极大地不利于培育和发展高精尖制造业体系以及相关产业链、供应链和创新链配套中小微企业的重大现象。因此，千万不可被北京营商环境排名全国第一的现象所诱惑或蒙蔽，而是要科学辨析和全面把握北京当前的营商环境中仍然存在的特定关键短板和重要弊端问题。实际上，北京的营商环境已经完全不利于高精尖制造业体系和相关产业链、供应链和创新链中小微企业特别是科技创新型中小微企业的布局。我们通过实地调研发现，导致北京在招商引资高端制造业大项目方面的竞争优势整体低于上海、深圳、南京、武汉等地区的主要原因在于：一是工业用地成本相对较高；二是技术工人、工程师和研发人员的住房成本较高；三是经常性地停工停产导致企业不能正常连续生产；四是产业链的配套能力严重不足，高端制造业的协同发展能力不足，加大了企业对关键零配件、关键材料的采购难度和成本；五是部分工业园区的基础配套设施严重不足。因此，对于北京的大兴—丰台—顺义—通州产业带以及相关的京津冀产业带而言，在将之定位为发展北京高端制造业体系及其配套产业链、供应链体系的前提下，今后一段时期内如何从顶层设计角度来推进这些地区培育和发展与高端制造业相匹配的营商环境，降低发展高端制造业体系的综合成本，必然是"十四五"期间这些地区的重点改革突破口。

　　第六，要将北京户籍制度的突破性改革作为当前发展北京高精尖产业体系的重要抓手，要充分挖掘和利用好北京的中高端人才集聚优势，守好北京高质量发展的这个根本性、基础性、决定性条件。

针对尽快打造国际科技创新中心和全面布局高精尖产业体系的战略任务，尤其要充分利用和激发北京独特的中高端人才集聚效应优势，强化北京对打造国际科技创新中心和布局高精尖产业体系战略任务所需要的国内外各类中高端人才以及各类科学研究人员、工程师和中高端技术工人的吸引力。尤其是要在当前制约北京吸引国内外各个层次的中高端人才最为突出、最为敏感的北京落户户籍制度方面，做出突破性的根本性改革举措乃至全新的顶层设计思路。

事实上，户籍制度已经成为制约北京从全球、全国吸引中高端人才的最为重要、最为突出、最为敏感的核心问题，北京户籍不仅仅关乎每个中高端人才的就业、住房、医疗和孩子就学的稳定问题，更关乎中高端人才对北京的归属感、安全感和认同感，因此，如果北京不在户籍制度方面采取根本性的、突破性的顶层设计层面的改革举措，北京就难以完成强化国家科技战略力量、提升基础研究综合实力、建设高精尖产业体系、打造国际科技创新中心等一系列高质量发展的基本任务。经过我们的长期实地调研和深入思考，我们慎重地提出以下北京户籍制度改革的突破口：

一是分类管理原则。其核心逻辑是将北京的户籍区分为三种类型：中央政务区户籍、北京发展区户籍和京津冀合作区户籍。分类管理的思路就是：针对中央政务区户籍，采取严格限制居住人口规模和人口密度的策略，让五环之内拓展和腾挪出用于强化国家政治行政中心和国际交往交流中心服务和功能的足够空间，让中央政务区彻底安静下来。针对北京发展区户籍，对于北京打造国际科技创新中心和发展高精尖产业体系所急需的国内外各种类型中高端人才和核心关键人才，可以采取适当放开北京户籍和绿卡的激励政策。针对京津冀合作区户籍，考虑到北京已经实施的 2 300 万人口规模上限必然会对北京引进培育和发展高精尖产业体系特别是高精尖制造业体系所需的国内外中高端人才造成突出的机制体制性障碍，因此有必要在北三县设立专门的北京管辖的京津冀合作区户籍。所谓的"京津冀合作区户籍"，本质上是类似北京性质的户籍，但是它并不会导致北京突破 2 300 万人口规模上限。

二是差异性权责原则。针对中央政务区户籍，实际上是要提高和强化人才迁入门槛，逐步实现疏解疏散过密人口和不适宜产业的发展目标，通过腾挪空间和资源，增强北京为首都提供支撑性服务的内在功能。针对北京发展区户籍而言，要对强化国家战略科技力量和塑造原始创新全球策源地的发展目标所需要引进的国内外高端人才全面放开北京户籍和绿卡的各种严格限制，并提供相应的各种购房、购车、医疗、养老保险、孩子入学和个人税收优惠政策。针对京津冀合作区户籍来说，其核心是要设计类北京权责性质的户籍制度。换言之，就是该户籍具有部分北京居民的权利和责任，一方面，京津冀合作区户籍可以完全享受在北京五环或六环外和北三县购房、购车、孩子入学的权利；另一方面，与北京户籍人口享有同等的医疗保险、养老保险和个人所得税优惠政策。实质上，就是鼓励符合北京高质量发展定位和人才引进条件的作为中高端人才的常住性质人口主动转入京津冀合作区户籍，从而减少北京首都核心功能区的人口压力，进而探寻北京在科学把握产业发展和人口红线之间的内在矛盾和改革困局方面的重点突破口。

三是顶层设计推动京津冀联动原则。事实上，因为迫切需要制定和实施的北京户籍制度的分类管理原则涉及北三县乃至京津冀区域的属地管理和户籍制度改革问题，所以这需要从中央顶层设计层面来探寻相应的改革突破口，需要中央从京津冀协同发展国家战略的落实实践和具体推动工作角度来打破北京与河北和天津邻近地区的户籍属地管理原则。需要科学把握的客观事实是，随着北京高精尖产业体系的可持续发展，以及北京南部产业带和京津冀产业协同发展带的逐步推进，一方面，北京和北三县的一体化趋势必然提级，另一方面，北京在自身区域内产业土地资源极为有限的情形下，必须拓展新的土地资源来发展高精尖制造业体系及其产业链、供应链和创新链的配套产业体系，因此，北京必须前瞻性地将北三县土地资源作为自身经济高质量发展的核心组成部分，及早实施将北三县纳入北京属地辖区的管理改革。

专题报告

对北京如何落实"构建以国内大循环为主体、国内国际双循环相互促进的新发展格局"的战略思考与建议

    应当如何准确理解和落实中央提出的"构建以国内大循环为主体、国内国际双循环相互促进的新发展格局"新战略的深刻含义?我们认为,不要狭隘地将中央提出的这个重大战略简单地定位为应对当前美国针对中国发起的技术封锁和经济脱钩策略的短期策略,而是要深刻认识到该战略所蕴含的针对中国经济发展重大阶段性转变的科学判断和战略把握,正确认识该战略在今后相当长的一段时期内对中国经济增长方式根本性地转变的重大指导价值。客观事实是,即便美国不在此阶段针对中国发起全面的技术封锁和遏制战略,中国如此体量庞大的经济体也不可能通过再去依靠全球的低端外需来实现后续的经济高质量发展任务,必须由一味依赖外需转向开发内需以及实施内需主导型发展模式。因此,从中央提出的这个全新战略的内在含义来看,必须科学辨析其中的核心要义。更为重要的认识是,依据北京的战略定位和基础条件,北京尤其具备在"构建以国内大循环为主体、国内国际双循环相互促进的新发展格局"中承担基础性、主导性、示范性的重要作用。我们认为,这一重大国家战略提供了首都北京加快实现减量发展、高质量发展、创新

引领发展、区域协同发展的重大契机，必须迅速落实和部署中央提出的这一重大战略。

一、 准确理解"构建以国内大循环为主体、国内国际双循环相互促进的新发展格局"的核心要义

　　首先，从中央提出的这个全新战略的内在含义来看，必须科学辨析其中的核心要义。一方面，以国内大循环为主体就是以充分开发国内快速扩张和升级换代的内需市场为基础，既要构建本土市场需求和本土企业自主创新能力提升的相互支撑式循环机制，也要构建中东西不同区域特别是南北不同区域板块之间的产业链、产品链和创新链分工和协作体系，更要从谋求当前和未来重点产业链和战略性新兴产业体系中的"卡脖子"式的关键核心技术创新突破能力角度实施进口替代和自主可控的国内布局策略。因此，以国内经济循环体系为基础，既是对内需对中国经济的核心支撑作用的充分开发，也是在愈加复杂的国内外形势下保护供应链和产业链国家安全的必要策略。另一方面，国内国际双循环相互促进的新发展格局强调了中国实施的国内循环机制战略并不是单纯的谋求排外或封闭式的新战略。新战略深刻体现了中国一直坚持的深化对外开放战略，强调在国内循环机制基础上，谋求与处于深刻变化背景中的全球贸易体系对接的新机会，促进以"公平、共享、互利、共赢"为基本原则的全球经济治理机制的形成。面对全球最大发达经济体美国对中国的咄咄逼人的恐吓和围堵战略，中国式的战略智慧就是，在夯实和强

化自身发展基础的前提下,再去加强中国对全球新贸易体系的影响力和
对全球经济治理新规则的推动力。

其次,要高度认识到,中央提出"构建以国内大循环为主体、国内
国际双循环相互促进的新发展格局"战略不是没有根据的,它基于
2020—2035 年中国 GDP 规模翻一番、2035—2050 年 GDP 规模再增长
至少 70％以上的既定发展目标和由此带来的内需持续扩张和消费结构
优化升级这个经济增长的内生动力。当前和未来一段时期内中国最大的
发展机遇就是:一方面,必须保证在 2020—2035 年期间,GDP 总量规
模在 2020 年的基础上再翻一番,在 2035—2050 年期间,GDP 总量规
模在 2020 年的基础上至少再增长 70％以上的发展目标实现;另一方
面,必须将按照家庭年收入 10 万元的绝对标准(2019 年价格)计算的
城乡低收入人群占中国人口的比重从近 65％降到 2035 年的 30％,在
2050 年再降到 10％。因此,只要中国的经济发展实现了这两个目标,
必然带来在 2020—2050 年期间中国人均可支配收入翻两番和内需市场
再扩张两倍的发展目标。因此,即便在中国出口规模无法再扩张的情形
下,有效利用好中国的内需扩张和消费升级换代的内部机会,中国仍然
可以顺利地实现经济高质量发展目标。

再次,对中国这样的发展中大国而言,跨越"中等收入陷阱"的唯
一路径就在于牢牢依靠自身内需市场规模持续扩张和消费持续升级换代
形成的经济内生型增长动力机制,而不可能主要去依靠外需空间,特别
是依靠全球价值链中的低端需求空间。当前,中国正处于由中等收入阶
段向高收入阶段过渡的关键发展时期,然而,对于中国这样的拥有庞大

体量的巨型发展中国家经济体来说，如何成功跨越"中等收入陷阱"却存在众多争论和质疑。虽然中国这样的发展中大国可以通过利用自身独有的低劳动力成本优势和相对齐全的工业基础体系，深度切入全球价值链分工和贸易体系，利用全球劳动密集型产品主导的外需市场空间，成功实现从低收入国家向中等收入国家转化的发展目标。然而，在我们看来，在既有的发达国家主导的全球价值链体系所蕴含的全球经济治理规则之下，类似中国这样的庞大体系的发展中国家只能利用外需市场实现从低收入国家向中等收入国家转化的发展目标，绝无可能再实现从中等收入国家向高收入国家过渡的发展目标。这是因为：一方面，发达国家不允许。美国前总统奥巴马就曾经在公开场合指出，全球既有的各种资源已经无法再承担中国这么多的人口达到美国人当前如此高的生活水平，言下之意就是他不认为中国人均 GDP 可以发展到发达国家水平，或者美国不允许中国的人均 GDP 发展到美国的比肩水平。由此就容易理解当前以美国为首的西方发达国家针对中国发起的技术封锁和出口限制政策的内在动机。另一方面，全球价值链分工和贸易体系蕴含的外需体量和内在动力，只能促使中国相对低附加值、低技术创新含量、难以创造高端人力资本就业岗位的低端制造业规模扩张，难以激发中国相对高附加值、高技术创新含量、可以创造高端人力资本就业岗位的中高端制造业和高端生产型服务业的培育和升级，而具有自主创新能力的高端制造业以及高端生产型服务业，恰恰是推动一国跨越"中等收入陷阱"的重要微观基础动力。

最后，以美国为首的西方发达国家对中国实施的全面技术创新封锁

战略,针对中国本土高科技跨国企业没有底线的遏制策略,迫使中国清
醒地认识到以往实施的"以市场换技术"和"技术创新引进—消化—再
创新"发展模式的失效,中国必须走依靠自身庞大的市场需求来支撑本
土企业自主创新能力提升的国内创新链和产业链融合循环的发展道路。
一方面,外资企业利用自身长期经营的高质量品牌产品占据了中国的
中高端消费市场,形成了中国中等收入群体对国外高质量品牌产品的
特定偏好,进而挤占和掐断了中国本土企业利用本土中高端市场需求
空间来培育和强化自身创新研发投入的激励机制和循环机制,极大地
缩小了中国自主创新能力的提升空间。另一方面,中国各级政府积极
实施的"以市场换技术"和"技术创新引进—消化—再创新"发展策
略,从总体的实施效果来看,实质上失效了。中国得到的经验教训
是,"以市场换技术"策略造成的后果是"高端市场让出去了,先进
技术却没有换回来"的发展陷阱,而"技术创新引进—消化—再创
新"策略则在不少产业领域造成了"对外技术引进造成自主创新能力
停滞不前"的发展困局。

　　特别需要警惕的是,中国在关键产业领域的关键核心技术创新领域
对发达国家形成了长期的购买依赖以及基于市场利益交换关系的"信
任",但是美国针对中国部分关键核心技术创新领域的全面封锁和遏制
行为危及了中国当前和未来重点产业链和战略性新兴产业体系的全球供
应链和产业链安全。这些"卡脖子"式的关键核心技术创新问题,只能
依靠中国国内企业的自主创新能力全面突破来加以彻底解决。因此,这
就需要更为清醒地看到发展机会是,持续扩张和升级的庞大内需市场可

为中国本土企业创造大国经济特有的"本土企业巨额创新研发投入→本土高端需求市场＋本国消费者购买本土企业的高价格创新产品→本土企业创新研发投入回收和补偿"良性循环机制，进而从根本上激发激活中国本土企业自主创新能力和动力，从而真正建设具备全球领先优势的创新型国家。

二、 北京应如何落实中央提出的重大新发展战略以及其关键切入点

第一，北京在实施"国民收入倍增计划"方面，必须起到表率作用。"构建以国内大循环为主体、国内国际双循环相互促进的新发展格局"战略的核心要义就是促进中国居民可支配收入可持续增长，由此带来的中国内需规模持续扩张和消费结构优化升级，对内需驱动主导型发展模式的形成起到基础性作用。北京必须在此方面起到表率作用。客观事实是，在今后决定中国由大国向强国转变的关键 30 年机遇期，北京面临尤为重要且具有示范性作用的经济高质量发展任务，特别表现在经济高质量发展过程中的 GDP 规模持续增长和居民可支配收入持续增长方面。一方面，2019 年北京 GDP 规模为 35 371.3 亿元，这就意味着2035 年北京的 GDP 规模应为 71 000 亿元左右（按照 2019 年不变价格核算），而在 2050 年应达到 120 000 亿元左右（按照 2019 年不变价格核算）；另一方面，按常住人口计算，2019 年北京人均 GDP 为 16.4 万元/人。2035 年北京人均 GDP 应为 30.87 万元/人左右（按照 2019 年不

变价格核算，按照常住人口 2 300 万规模计算），而在 2050 年将达到
52.17 万元/人左右（按照 2019 年不变价格核算，按照常住人口 2 300
万规模计算），刚好达到 2019 年全球主要发达国家首都经济圈的人均
GDP 水平。更为重要的是，2019 年北京市居民人均可支配收入为
67 756 元，2035 年北京市居民人均可支配收入至少应为 135 500 万元/
人左右（按照 2019 年不变价格核算），而在 2050 年将达到 230 000 万
元/人左右（按照 2019 年不变价格核算）。这些必须完成的基本发展任
务目标意味着北京在今后 30 年的高质量发展中面临极大的压力和挑战。

第二，北京在落实"提升中等收入群体"发展目标方面，必须起到
极为重要的主导作用。不容否认的是，北京在金融业主导的产业结构中
必然会形成突出的不同阶层群体收入不平等现象。事实上，首都北京的
居民中等收入群体比重虽然相比全国高出 8～10 个百分点，但是，仍然
存在以下方面的严重问题：一是最高 20% 收入阶层群体的收入占居民
总收入的比重要高于全国平均水平，说明北京存在"富者更富"的现
象；二是中低收入阶层群体的收入占居民总收入的比重仍然相对比较
高；三是北京核心城区的人均 GDP 和人均可支配收入与边缘城区的人
均 GDP 和人均可支配收入的差距在一倍以上，类似发达国家和发展中
国家的显著差距；四是首都北京本地居民特别是边远山区低收入群体收
入增长的难度极大。因此，在今后一段时期内，北京在落实"提升中等
收入群体"发展目标方面面临突出的挑战和难度。而且，北京中等收入
群体的家庭收入标准必须向发达国家看齐，因此提升家庭收入较高水平
的中等收入群体比重的难度和挑战更大。具体来看，到 2035 年，北京

必须把家庭年收入 35 万元人民币（按照 2019 年不变价格核算，下同）的居民人口群体比重提升到 60% 以上，到 2050 年，必须把家庭年收入 40 万元人民币的居民人口群体比重提升到 80% 以上，把家庭年收入 55 万元人民币的居民人口群体比重提升到 60% 以上。

　　第三，北京必须在中国当前和未来重点产业链和战略性新兴产业体系中全面强化基础研究、原始创新、关键核心技术创新、颠覆性技术创新、关键共性技术创新等领域的自主突破能力，并将其作为重要的切入点和抓手。2020 年习近平总书记强调，"逐步形成以国内大循环为主体、国内国际双循环相互促进的新发展格局，提升产业链供应链现代化水平，大力推动科技创新，加快关键核心技术攻关，打造未来发展新优势"。考虑到打造全球有影响力的全国科技创新中心的战略定位，北京要既承担实施知识创新中心计划，将北京打造成为国家自主创新重要源头和全球原始创新主要策源地的重要任务，也承担实施技术创新跨越工程，构建国家创新驱动先行区；优化创新格局，打造区域协同创新中心，形成全球开放创新核心区；深化全面创新改革，建成全球创新创业首选地等重要任务。

　　第四，北京在落实"以国内大循环为主体"的战略目标方面，重点任务就是依靠北京和天津、河北的交界邻接地区打造"京津冀产业协同发展带"，以京津冀协同发展战略来促进在中国北方区域优先实现供应链、产业链和创新链的国内产业和经济循环体系。事实上，与长三角区域和粤港澳大湾区区域相比，造成京津冀区域乃至中国北方区域经济高质量发展能力相对滞后的核心因素之一，就是迄今为止京津冀区域乃至中国北方区域内并未充分形成要素充分流动、产业链密切合作、市场完全一体化的国内循环体系。中国的南方区域之间以及长三角区域和粤港澳大湾区区域的内部和二者之间,已经在相当程度上形成了比较活跃的国内产业和经济循环体系。而京津冀区域乃至中国北方区域,则相对隔离在中国的南方区域之间以及长三角区域和粤港澳大湾区区域之外。而且,具体来看,与首都北京形成国内大循环体系的是深圳以及中国的南方经济板块,而首都北京并未与天津和河北乃至中国北方区域形成国内大循环体系。因此,要真正落实和贯彻中央提出的以国内大循环为主体的重大战略目标,从短期角度来看,北京的首要任务是,必须依靠北京和天津、河北的交界邻接地区来打造"京津冀产业协同发展带",再逐步扩散到京津冀的其他区域板块,逐步形成京津冀区域内的区域性产业和经济循环体系。从更为长远的角度来看,应该以真正具有国际竞争力的京津冀协同发展战略来促进在中国北方区域优先实现供应链、产业链和创新链的国内产业和经济循环体系。

第五,北京在落实构建国内国际双循环相互促进的新发展格局战略目标方面,必须依靠培育高精尖制造业体系来强化高端产品出口能力,依靠针对"一带一路"倡议的核心发展中国家来打造"技术输出、技术转移国际中心"。需要认清的基本问题是:为什么北京一直成不了中国的重要出口高地?这本质上是由北京以服务业为主的第三产业占 GDP 的比重过高的经济结构所决定的。这是因为,中国的出口优势在制造业产品方面,并不在服务业方面。而且,发达国家对中国的服务业产品出口存在众多的市场进入壁垒和警惕情绪,导致北京的高端服务业难有出口优势和出口机会。然而，北京今后的发展目标是打造"10＋3"的高精尖产业体系，特别是要将高精尖制造业占 GDP 的比重提高到 15％以上，这就意味着北京在高端制造业产品方面获得了出口优势和出口机会，这就为北京落实构建国内国际双循环相互促进的新发展格局战略目标提供了重要机会。因此，在我们看来，在当前和未来一段时期内，北京在落实构建国内国际双循环相互促进的新发展格局战略目标方面的可行方案是，一方面，必须依靠培育高精尖制造业体系来强化高端产品出口能力，将北京打造成为中国本土高科技跨国企业和全球化创新型中小微企业集聚的出口基地；另一方面，依靠北京在科技创新方面的综合实力和领先优势，针对"一带一路"倡议的核心发展中国家对全球科技创新合作的需求，来打造和强化技术输出、技术转移、技术交易的"全国中心"和"国际中心"。

推进首都北京加快建设数字贸易全球中心的战略思考与重要途径

习近平总书记高度关注中国数字经济和数字贸易的发展机遇，这是推动中国经济高质量发展，引领全球创新链、产业链和供应链融合发展的重要抓手。北京发展数字经济"1+3"政策文件的正式出台以及一系列改革举措的实施，预示着首都北京必然成为全国数字经济和数字贸易的重要发展中心。同时，这也意味着首都北京具备了加快建设数字贸易全球中心的基础条件和重要契机。数字贸易对传统贸易模式具有颠覆性的作用效应，不仅可为首都北京乃至京津冀区域塑造新国际竞争优势，打造新型出口高地，提供"弯道超车"式的跨越式发展机遇，发挥首都北京在软件信息服务业和科技服务业方面长期积累的发展优势和创新优势，也可为首都北京布局数字贸易全球中心提供前所未有的、独一无二的新发展契机。

一、 高度认识首都北京布局数字贸易全球中心的战略价值

第一，数字贸易必将成为中国实施新一轮对外开放向格局更优、层

次更深、水平更高方向发展的重要抓手，与首都北京正在推进的对标全球高水平对外开放新格局的战略目标完全契合和互补。

世界贸易组织研究表明，到 2030 年数字技术将促进全球贸易量每年增长 1.8~2 个百分点。一方面，数字贸易能够通过数据流动加强产业间的知识和技术要素的共享，引领各产业协同融合，带动传统产业数字化转型并向全球价值链高端延伸。数字技术所带来的颠覆性的创新催生了大量的贸易新业态、新模式，整体大幅度提升了全球价值链的地位。另一方面，不同于电子商务，数字贸易是采用数字技术进行研发、设计、生产并通过互联网和现代信息技术手段，为用户交付产品和服务，是以数字服务为核心、数字交付为特征的贸易新形态。伴随着现代信息技术在全球范围内的深度应用和数字经济的快速发展，数字贸易可以在很大程度上扭转首都北京乃至京津冀区域在传统贸易方面的相对弱势地位，真正培育和挖掘首都北京的新出口贸易优势以及相关的重要产业资源，从而在京津冀区域内促进创新链、产业链、供应链和价值链加速融合发展新格局的形成。事实上，首都北京在推动减量发展、高质量发展和创新引领发展过程中一直存在两个方面的难以忽略的重要短板，一是出口优势和出口能力不足，二是京津冀在推动产业协同发展时缺乏核心抓手。而数字资源正在成为决定全球贸易比较优势新形势的关键要素，一方面，数字资源对传统贸易的优化整合，正在成为构建全球数字时代国际贸易新模式和新方式的重要推动力；另一方面，数字经济和数字贸易背后孕育的新技术、新产业和新模式，自身也成为全球迅速扩张的服务贸易的重要组成部分。

　　第二，首都北京在软件信息服务业和科技服务业方面长期积累的发展优势和创新优势，可为首都北京布局数字贸易全球中心提供前所未有的、独一无二的新发展契机。

　　北京数字经济的 GDP 规模处于全国领先优势。2019 年中国数字经济增加值规模达到 35.8 万亿元，数字经济占 GDP 的比重由 2005 年的 14.2% 快速提升至 2019 年的 36.2%。2019 年首都北京数字经济增加值占地区 GDP 的比重超过 50%，2022 年可达 55%，这就为北京打造成为全国数字经济发展的先导区和示范区提供了极为重要的基础保障条件。

　　北京在数字贸易的相关产业方面具备全国综合创新优势。数字贸易包括软件、社交媒体、搜索引擎、通信、云计算、卫星定位等信息技术服务，数字传媒、数字娱乐、数字学习、数字出版等数字内容服务以及通过数字交付的服务外包等三大类。2019 年北京信息传输、软件和信息服务业增加值占 GDP 的比重为 13.5%，行业营业收入占全国信息传输、软件和信息服务业营业收入的比重高达 23.0%。2019 年，北京拥有百亿元以上信息传输、软件和信息服务业企业 18 家。行业从业人员数量达 89.9 万人，占第三产业从业人员的比重为 14.6%。北京不仅已成为全国工业互联网和人工智能的发展高地，已形成从高端芯片、基础软件到核心算法和行业整体解决方案的完整产业链，也正在成为云计算、互联网和区块链技术具体应用领域的全国乃至全球中心。

　　北京已经完全具备打造数字贸易全球中心的独一无二的政策叠加优势。随着 2020 年 9 月北京发展数字经济"1+3"政策文件的正式出台以及一系列改革举措的实施，首都北京必然成为全国数字经济和数字贸易的重要发展中心。一方面，北京立足中关村软件园国家数字服务出口基地、朝阳金盏国际合作服务区、自贸区大兴机场片区，打造"三位一体"的数字经济和数字贸易开放格局，全面打造数字贸易试验区，同时积极探索试验区内跨境数据安全有序流动的发展路径，这可为首都北京打造数字贸易全球中心奠定产业和承载平台基础；另一方面，北京还将设立国际大数据交易所，推动数字证书、电子签名等的国际互认，试点数据跨境流动，建设国际信息产业和数字贸易港。这可为首都北京打造数字贸易全球中心奠定制度环境基础。

第三，数字贸易必将成为打破京津冀三地对外开放环境巨大落差僵局的突破口，成为统领京津冀三地自贸试验区纵深改革方向，引领京津冀产业协同发展的新动力引擎，成为探索京津冀协同发展新路径的关键抓手。

首都北京定位数字经济和数字贸易的全球中心，这可成为统领京津冀三地自贸试验区建设的重要切入点。事实上，将北京的数字经济与服务业开放格局落实到整个京津冀协同发展的格局中，可以尽快促进京津冀区域内统一的更高层次改革开放新格局的形成。不仅可以将自贸试验区打造为京津冀三地的产业合作新平台，创新跨区域产业合作，探索建立总部-生产基地、园区共建、整体搬迁等多元化产业对接合作模式，也可以鼓励北京、天津、河北自贸试验区抱团参与"一带一路"建设，坚持稳妥有序原则，共建、共享境内外合作园区。

首都北京定位数字经济和数字贸易的全球中心，还可以打破京津冀三地高水平对外开放制度环境存在巨大落差的发展僵局，逐步实现北京、天津、河北自贸试验区内政务服务"同事同标"，推动实现政务服务区域通办、标准互认和采信、检验检测结果互认和采信。探索建立北京、天津、河北自贸试验区联合授信机制，健全完善京津冀一体化征信体系。

第四，加快建设数字贸易全球中心，既是首都北京全面引领构建以国内大循环为主体新发展格局的重要抓手，也是提升国内国际双循环相互促进的新发展格局的核心途径。

加快建设数字贸易全球中心，是推动首都北京全面参与创新链、产业链和供应链国内大循环体系的重要切入点。党的十九届五中全会确定的"双循环"新发展格局，为中国在 2021—2035 年期间的重要发展机遇期指明了具体的重大发展战略和发展路径。从构建国内大循环体系的角度来看，首都北京必须在实现关键核心技术创新领域的重大突破和保障中国产业链、供应链的国家安全方面起到基础性作用；而从构建国内国际双循环相互促进体系的角度来看，加快建设数字贸易全球中心则是首都北京主动参与国内大循环体系和国际新循环体系的关键抓手。

二、 首都北京布局数字贸易全球中心的关键突破口和重要抓手

第一，打造中国乃至全球数据跨境流动中心，率先探索和构建数据全球跨境流动的"中国方案"。

首先，在打造全国乃至全球的数字贸易试验区基本原则指导下，加快针对数字服务贸易中商业存在、跨境交付、境外消费、自然人移动等形态涉及的数据跨境流动、数据保护能力认证等方面的制度创新。

其次，在打造创新型全球数字贸易示范港、中国数字贸易引领基地目标的指引下，深入研究发展跨境电商、数字医疗、智慧物流等数字服务和数字贸易，在跨境金融服务、电子认证、在线消费者权益维护等领域，参与构建引领全球的跨境电商规则体系。同时，在数字经济新业态准入、数字服务、国际资源引进等领域开展试点，探索数据审计等新型业务。

最后，加快研究推进数据跨境流动安全管理试点工作。数据的跨境流动是必然趋势，然而关于数据跨境流动的监管在全球都尚未成型，这需要考虑国家安全、个人隐私等诸多因素，对数据做分级分类管理，遵循安全有序、开放创新、分类管理、规则引领的基本原则，率先制定和实施适合中国国情的数字贸易战略和工作举措，积极营造有利于数字贸易发展的治理环境，抓紧形成数字贸易的中国方案。

第二，优先布局以构建数字贸易全球中心为导向的新型基础设施，全面打造首都北京在发展数字贸易全球中心的软件和硬件方面的创新链、产业链和供应链的综合产业体系。

首都北京必须加快建设以打造数字贸易全球中心为导向的新型基础设施。从硬件基础设施角度来看，要加快统筹推进三类新型基础设施建设：一是以 5G、物联网、工业互联网等为代表的通信网络基础设施；二是以人工智能、云计算、区块链等为代表的新技术基础设施；三是以数据中心、智能计算中心为代表的算力基础设施。从软件基础设施角度来看，需要做好数据确权，梳理好数据的权属，还要做好数据性质的界定，做好数据的分级分类，再通过交易所实现数据的价值评估和定价。做好数据的再加工、再开发和市场化应用。建立权威的数据信息登记平台，以明晰数据权利取得方式及权利的范围，推动公共数据和商业数据有序聚集，形成规范的数据产品。还要建立受到市场广泛认可的数据交易平台，健全报价、询价、竞价和定价机制，将来的数据产品既包括商业数据，也包括数据的分析工具、数据解决方案。未来的交易模式包括协议转让、挂牌等方式。

数字经济和数字贸易的发展，自身必将孕育大量的基础研究、应用基础研究乃至工程化、产业化的发展机会。为此，首都北京要继续提升在发展数字经济和数字贸易中的"软科技"方面的创新优势和产业优势，同时，通过打造全球领先的相关制造业体系，解决首都北京在发展数字经济和数字贸易中的"硬科技"及其产业体系方面的整体实力不足的问题。

第三，将首都北京优先打造成为中国数字贸易金融、数字货币的发展中心以及全球数字货币金融交易中心，作为构建数字贸易全球中心的重要突破口。

首先，要主动鼓励金融机构开展全球资产配置，建设全球财富管理中心。支持设立全国自愿减排等碳交易中心。规范探索开展跨境绿色信贷资产证券化、绿色债券、绿色股权投融资业务，支持相关企业融资发展。支持符合条件的金融机构设立专营机构。在国家金融监管机构等的指导下，支持设立北京城市副中心金融风险监测预警与监管创新联合实验室，构建京津冀金融风险监测预警平台。简化特殊人才引进流程。

　　其次，尽快建立覆盖全链条的数据运营管理服务平台，提供数据清洗、法律咨询、价格评估、分析、评议、尽职调查等全链条的服务。建立以数据为核心的金融创新服务平台，探索开展数据资产质押融资、数据资产保险、数据资产担保、数据资产证券化等金融创新服务，提供质押标的处置、变现等金融创新服务。建立新技术驱动的数据金融科技平台，充分运用区块链等多方安全计算等技术，发挥交易所线上交易、智能评估、智能撮合和风险提示的功能。

"十四五"及 2035 年期间北京加快实施"人口更替计划"的战略价值、关键堵点与改革突破口

  "十四五"乃至 2050 年期间北京必然会发生的过早过快人口老龄化问题对北京经济高质量发展模式的加速形成必然会带来巨大的压力和挑战。我们预计，2050 年在北京至少 750 万老龄化人口中，至少应该有 300 万以上的老龄化人口实现异地养老，才可真正缓解北京过早过度的人口老龄化压力，为北京维持有活力的消费可持续增长机制、打造高精尖经济结构奠定坚实的人口结构基础。特别是上海通过密集出台各种优惠落户政策，争抢各类高端人才，争抢"985"学校的高学历年轻人才，来促进上海高端制造业快速发展的情形倒逼着北京迫切需要前瞻性地制定和实施以高端人才替代老龄化人口的"人口更替计划"。为此，我们深入探讨了北京前瞻性地谋划和制定北京特色"人口更替计划"的关键堵点以及相应的改革突破口。

一、 科学认识和把握北京加快实施"人口更替计划"的战略价值

  第一，北京减量发展战略正在全面进入第二阶段核心任务的执行阶

段，人口老龄化问题带来的各种急需高端人才引进空间不足问题将成为今后一段时期内制约北京高精尖经济结构形成的最大发展挑战。

北京正在实施的减量发展战略可以划分为两个阶段：第一阶段的核心任务是"疏解整治促提升"，将非首都功能逐步疏解出京外，包括一般制造业、与首都定位不相符合的部分批发产业、流通产业乃至部分央企总部逐步转移出京外，彻底缓解北京"大城市病"；第二阶段的核心任务是"加快构建高精尖产业体系，率先实施经济高质量发展"，在此过程中，最为基础性的、最为决定性的因素是高端人才数量。然而，北京已经法定了 2 300 万人口规模上限，在人口规模被整体设定的情形下，在 2050 年之前，在北京人口结构转换不能通过人口迁移方式进行调整的前提下，北京人口老龄化问题将会变得异常突出，对北京全面构建高精尖经济结构和发展高端制造业体系所需的各种顶级科学家团队、高端创新研发人才群体、各种工程师队伍以及大规模中高级技工的引进和长期稳定带来了极大挑战。

第二，有效消费增长动力机制不足是导致北京经济恢复能力相对较弱的重要因素，而人口过快老龄化问题背后带来的消费增长动力长期不足，将成为今后一段时期内制约北京潜在增长率和经济内生增长动力机制的最为关键因素。

党的十九届五中全会明确指出，坚持扩大内需这个战略基点，增强消费对经济发展的基础性作用。这就意味着中国正在全面进入内需驱动型发展阶段。针对北京这样的消费主导型超大城市而言，消费能力不仅影响短期经济的稳定，更决定中长期经济的内生增长动力。超大城市更容易塑造经济内生增长动力机制的原因既在于对高收入人口群体的集聚效应，也在于可以通过吸引年轻人口的迁移和汇集保持较为年轻化的人口结构，从而维持较高水平的消费结构。然而，在北京法定的 2 300 万人口规模上限下，高收入人口群体的集聚效应以及吸引年轻人口迁移和汇集带来的消费结构红利机制面临阻断，而人口老龄化造成消费能力不足的负面效应必然逐步累积和凸显。截至 2016 年年底，北京 60 岁及以上户籍老年人口约为 329.2 万人，老龄化比例已经超过 24%，居全国第二。预计在"十四五"期间，北京人口老龄化水平将逐步提高，到 2025 年升至将近 27%，到 2035 年达到 33.4%。这就意味着到 2035 年北京将拥有至少 750 万以上的老龄化人口，这必然会对北京消费能力的可持续提升带来极大的压力和挑战。

基于以上因素的综合分析，可以得出的一个基本判断是，虽然人口老龄化问题已经是今后一段时期内北京经济社会以及城市管理治理方方面面所面临的最大挑战，但是，这并不意味着北京对此重大问题就束手无策，只能被动接受和应对人口老龄化对北京经济高质量发展带来的诸多风险和挑战。党的十九届五中全会指出，实施积极应对人口老龄化国家战略，加强和创新社会治理。依据这个最高指导精神，在创造性地创新首都治理模式的情形下，我们提出北京在"十四五"及 2035 年期间前瞻性地制定和实施加快"人口更替计划"的战略谋划。其核心思路就是，构建具有北京特色的老龄化人口的异地养老模式，采取各种有效政策举措鼓励北京老龄化人口异地养老，从而为北京发展高精尖经济结构所需的各种高端人才腾出一定的生活和居住环境空间，进而在北京

2 300万人口规模上限的前提下，创造式创新北京特色的人口结构调整模式，为超大城市主动应对人口老龄化问题探索出一种全新破解方法，进而从根本上缓解甚至破解北京人口老龄化对北京经济可持续增长可能带来的诸多负面挑战和风险。

二、 实施北京特色"人口更替计划"的关键堵点和改革突破口

（一）关键堵点分析

第一，确定北京异地养老鼓励政策的实施对象。对于北京原著居民而言，由于其亲戚朋友均在北京，对北京文化习俗的情感和对北京生活模式的依赖程度较强，实现异地养老的难度较大。而对于新北京居民来说，这些因素相对较弱，实施异地养老的难度相对较弱。因此，可针对新北京居民优先实施异地养老政策。当然，也不排除北京原著居民存在异地养老的可能内在需求。

第二，北京在高水平医疗和先进医疗设施、生态环境、生活便利等方面与其他地区存在巨大落差，极大地抑制了北京居民异地养老的意愿。我们的问卷调研发现，北京在高水平医疗和先进医疗设施方面具有全国领先优势，这是阻碍北京居民异地养老的最大障碍。北京经过多年的生态环境整治和疏解整治促提升方面的努力，生态环境得到极大改善，相比北方其他区域乃至南方部分地区，北京的雾霾污染情况得到了更为显著的有效改善，这就降低了北京居民异地养老的意愿。而且，北

京在构建适宜老龄化人口居住的硬件和软件条件方面付出了相当大的努力，北京是全国少数几个最适宜老龄化人口居住生活的城市，这也降低了北京居民异地养老的意愿。

第三，北京实施老龄化人口异地养老政策面临一系列的机制体制性障碍和突出的制度性约束。一方面，北京户籍人口跨区域养老的全面无缝对接制度尚未形成。无论是退休工资跨地支付领取、医疗保险跨地认可使用等方面，还是异地购买养老产权住房或异地购买集体式养老产权住房等方面，都仍然存在一系列全国性的机制体制性障碍。另一方面，实施和推进北京特色的老龄化人口异地养老政策可能面临的最为突出的一个障碍是异地养老人口的户籍核算和户口迁移问题。如果这些异地养老人口的户籍还留在北京，则按户籍人口来说他们还会被统计在 2 300 万人口规模中，北京实施异地养老政策和"人口更替计划"就遇到了重大制度障碍。因此，科学理解和把握北京 2 300 万人口规模红线的含义非常重要，如果按照实际居住人口规模来核算北京 2 300 万人口规模红线的话，这个问题就会得到妥善解决。当然，也可以实施鼓励北京老龄化人口将户籍迁移到北京老龄化人口"养老特区"的政策。

（二）需要重点关注的制度创新和改革突破口

第一，前瞻性地通盘考虑北京在 2021—2050 年期间的人口结构动态变化格局对北京经济高质量增长模式的基础性作用。在上海依靠集聚人才来全面提升打造全球有影响力的科技创新中心的情形下，北京作为全球有影响力的科技创新中心必然会受到直接性的竞争压力，从而动摇北京在科技创新方面的领先优势，所以必须前瞻性地针对北京在2021—2050年期间的人口结构进行制度创新。

第二，建议将前瞻性地谋划和制定以鼓励老龄化人口异地养老为主的"人口更替计划"设定为北京在"十四五"乃至2035年期间主动和积极应对老龄化现象的重大战略举措。为此，北京可以具体优先考虑和设计的激励政策如下：一是按照自愿自主的原则，制定鼓励北京户籍或常住老龄化人口异地养老的优惠政策，可以考虑对每个愿意主动异地养老的北京户籍人口给予一定金额的资金补助；二是可以考虑与特定且合适的地区签订专门的北京异地养老特区协议，鼓励这些地区设立北京异地养老特区，以商业盈利运行的模式，建设与北京医疗水平、生态环境、居住环境等一致甚至更高水平的综合设施环境，增强京外异地养老特区的吸引力和竞争力。我们的实地调研发现，山西阳泉地区就可以作为北京异地养老特区的重要合作地区之一。

第三，北京必须主动推动从国家顶层设计层面来破除阻碍类似北京这样的超大城市实施以异地养老为主导的"人口更替计划"的各种机制体制性障碍，并且实现相应的制度创新。对此，我们建议加快制定北京户籍人口或常住人口的跨区域养老居住的全面无缝对接制度。一方面，全面实现退休工资跨地支付领取、医疗保险跨地认可使用制度，针对北京的异地养老群体，在异地购买养老产权住房或异地购买集体式养老产权住房等方面，出台专门不受当地购房限制政策约束的鼓励政策。另一方面，可以逐步实施鼓励北京户籍的老龄化人口异地养老的户籍转移政策，可以考虑给予一定的财政资金补贴。

首都北京优先发展全球"硬科技"中心和加快布局相关产业链的战略价值与实施对策

一、首都北京优先布局发展全球"硬科技"中心的重大战略价值

第一,"硬科技"是习近平总书记高度关注的关键核心技术创新领域全面自主突破的基础,是在当前和未来相当长的时期内,保障中国当前和未来产业链、供应链和创新链国家安全的基石。

不同于"高科技"概念体系,"硬科技"就是"比高科技还要高的技术",专指基于科学发现和技术发明,经过长期研究积累形成的,具有较高的技术门槛和明确的应用场景,能代表世界科技发展最先进水平、引领新一轮科技革命和产业变革、对经济社会发展具有重大支撑作用的关键核心技术。区别于由互联网模式创新构成的软科技,"硬科技"是需要长期研发投入、持续积累才能形成的原创技术,具有极高的技术门槛和技术壁垒,难以被复制和模仿,积累到了一定拐点,爆发力很强,有望成为未来创新发展的新引擎与发力点。

"硬科技"是衡量一个国家科技创新实力的标尺,是高端装备制造业的基石，是构筑国家竞争新优势的重要支撑。"硬科技"是一个历史、动态和发展的概念，在当前科技与经济发展新形势下，最具代表性的硬科技主要体现在集成电路芯片、人工智能、航空航天、生物技术、信息技术、新材料、新能源、智能制造等领域。进入 21 世纪以来，世界各国都把科技创新作为推动经济发展的重要战略举措，纷纷围绕光电芯片、信息技术、人工智能、智能制造、航空航天、生物医药、生命信息等"硬科技"领域进行战略布局，抢占发展制高点。中国要实现"两个一百年"奋斗目标、实现中华民族伟大复兴的中国梦，必须攻坚克难、自主创新，优先发展"硬科技"和培育"硬科技"产业链体系，提高核心技术和核心零部件的自主研发和自主供给能力，使"硬科技"成为推动中国经济高质量发展的新引擎。

第二，"硬科技"是当前中美科技战略竞争格局下全球两种相互隔离式的科技创新体系形成和竞争的核心问题，首都北京在此方面不能有丝毫的懈怠思维，必须主动作为，尽快有大动作。

需要高度关注的重大现象是，在中美之间必然会长期持续进行的科技战略竞争格局的影响效应下，全球会以较大概率形成美国主导的科技创新体系和中国等发展中国家共同主导的相互隔离式的两种科技创新体系的分野和竞争。这是因为：一方面，在科技创新领域，特别是战略性新兴产业领域的基础研究和关键核心技术创新领域方面占据全面优势的美国，必然会主动将这些优势作为打击中国经济持续增长的核心手段。在集成电路产业体系中，美国对中国采取了关键核心技术创新产品禁售、强迫产业链撤离中国和阻止人才交流学习等形式的全面封锁和遏制战略，今后一段时期内这种情况必然会蔓延到美国占优势的所有产业体系和所有领域。另一方面，美国针对中国发起的科技创新领域的全面遏制和封锁战略必然会倒逼和刺激中国在所有全球产业链的关键核心技术创新领域实现自主可控的应对策略，唤醒和促使中国在基础研究、原始创新、颠覆性技术创新和关键核心技术创新等领域全面强化的自主能力。

从美国的主动攻击性策略和中国的被动应对性策略来看，中美之间相互隔离式的科技创新体系的形成短期内已无逆转可能。美国主导的科技创新体系和中国等发展中国家共同主导的科技创新体系的分野和竞争，逐步演变成了全球的重大现实问题。中美双方在诸多重点和未来科技创新领域特别是硬科技及其产业链领域中的底层设计架构、知识产权体系、科研成果发布渠道、高端科学研究人才以及工程化产业化自主能力体系等方面，均会展开全方位的全球竞争。首都北京必须领导全球发展中国家和"一带一路"核心国家，加快发展以中国规则为主的全球科技创新体系。

第三，"硬科技"在相当程度上是落实习近平总书记提出的"加快形成以国内大循环为主体、国内国际双循环相互促进的新发展格局"的核心抓手，无论是从政治全局高度，还是从高质量发展的区域协同引领作用角度，首都北京必须将全面构建全球"硬科技"中心作为率先落实和引领新发展格局的重要突破口。

需要全面认识和深入理解习近平总书记提出的加快形成以国内大循环为主体的新发展格局的科学内涵，这基于在2021—2035年期间，中国在不需要严重依赖外需市场的前提下，依靠自身内需市场规模翻番式扩张和中等收入群体翻倍式增长所带来的经济内生动力，就可以支撑中国经济成功跨越"中等收入陷阱"和实现经济高质量发展目标的重大战略判断。

构建国内大循环体系的要害在于利用中国不同区域板块的不同产业优势和自主创新能力体系，在全国范围内布局相互协作、相互支撑、具有自主可控能力的创新链、产业链和供应链体系。"硬科技"是决定当前中国能否打造具有自主可控能力的创新链、产业链和供应链体系的基础因素，首都北京必须利用自身在创新链的基础研究、原始创新和关键核心技术创新、颠覆性技术创新等环节所长期积累的全面优势，主动增强全面实施打造北京成为中国独一无二的"硬科技"中心的规划的紧迫感，谋划构建可以与美国等西方发达国家全面抗衡的全球"硬科技"中心的重大战略。

第四，首都北京优先发展全球"硬科技"中心及与其布局相关的创新链、供应链和产业链体系，是当前首都北京打造全球有影响力的科技创新中心的核心任务。

优先发展全球"硬科技"中心完全符合首都北京打造全球有影响力的科技创新中心的战略定位，是加快建设具有全球影响力的国家创新战略高地，打造国家自主创新重要源头和原始创新主要策源地的发展目标的主要内容。加快布局与"硬科技"相关的创新链、供应链和产业链体系，完全切合北京构建高精尖经济结构和现代化产业体系的既定发展目标。

从当前北京经济发展状况来看，以信息传输、软件和信息服务业以及金融业为主的软科技是北京经济的两大核心支撑，但是，针对北京在2021—2035 年 GDP 规模翻一番的既定目标，这两大产业已经难以再形成足够的支撑力，必须寻找新的产业增长点。我们的初步研究发现，在2021—2035 年间，北京 GDP 规模要从 2019 年的 35 371.3 亿元增长到2035 年的 80 000 亿元左右（以 2019 年不变价格核算，下同），其中，金融业增加值则可能从 2019 年的 6 544.77 亿元增长到 2035 年的 10 000亿元左右，而信息传输、软件和信息服务业增加值可能从 2019 年的4 783.9 亿元增长到 2035 年的 80 000 亿元左右。2035 年的 GDP 缺口可能高达 20 000 亿元左右，特别需要一个全新的战略性创新链和产业链体系来加以支撑。而在当前束缚中国产业体系发展的 35 项关键核心技术创新领域中，除了工业设计软件之外，其余 34 项全部表现为"硬科技"的发展机会及其带来的创新链、产业链和供应链布局机会，这恰恰为首都北京弥补今后 15 年间 GDP 的产业支撑缺口提供了绝佳的战略发展空间。

二、 首都北京发展全球"硬科技"中心和加快布局相关产业链的具体措施

第一，必须将优先发展全球"硬科技"中心和加快布局相关产业链体系定位为首都北京"十四五"规划的首要的重大战略目标。

高度科学认识和把握首都北京优先发展全球"硬科技"中心和全球

有影响力的科技创新中心战略定位之间的相互融合关系，二者不是相互对立、相互排斥的关系，而是相互衔接、相互支撑的关系。优先发展全球"硬科技"中心是现阶段首都北京打造全球有影响力的科技创新中心的首要任务，只有先将首都北京打造成为全国乃至全球的"硬科技"中心，才可以为首都北京最终实现全球有影响力的科技创新中心战略定位奠定坚实的基础。

高度科学认识和把握首都北京优先发展全球"硬科技"中心和加快布局与"硬科技"相关的创新链、供应链和产业链体系之间的相互支撑、相互融合的不可割裂关系。"硬科技"不仅可以作为关键核心技术创新和颠覆性技术创新领域中的"金字塔"塔尖部分，更可以直接释放巨量的战略性新兴产业、高端生产装备制造业、高端制造业和高端生产服务业的重大发展机会。

第二，基础研究是首都北京优先发展"硬科技"及加快布局相关产业链的最为重要的核心优势，是决定首都北京优先发展全球"硬科技"中心的基础条件。首都北京需要在"十四五"乃至"十五五""十六五"规划期间，前瞻性地制定将基础研究经费占研究开发经费支出额的30％以上、占全国基础研究经费的50％以上的发展目标，特别是要积极使用新型举国体制，持续性地全面加大政府财政资金对原始创新、基础研究、关键核心技术创新、颠覆性技术创新和关键共性技术创新的高强度财政资金支持。

尽快制定首都北京促进基础研究能力持续提升的"三步走"战略。虽然首都北京在基础研究方面的投入数量全国领先，但是，与美国相比仍然有相当大的差距。与中国打造与美国竞争和抗衡的全球科技创新中心的任务相比,北京的基础研究投入仍然远远不足。因此,首都北京在持续提升基础研究能力方面的"三步走"战略是:第一步到2025年,基础研究经费由2018年的277.8亿元增长到2025年的600亿元左右,占首都北京研究开发经费支出额的比重由2019年的15.3%增长到20%,占全国基础研究经费的比重超过40%;第二步到2030年,基础研究经费达到1 000亿元左右,占首都北京研究开发经费支出额的比重增长到25%,占全国基础研究经费的比重超过45%;第三步到2035年,基础研究经费达到1 400亿元左右,占首都北京研究开发经费支出额的比重增长到30%以上,占全国基础研究经费的比重超过50%。

打造首都北京特色的新型举国体制的具体举措如下:通过全面推行科技机制体制改革,加大对从事基础研究、应用基础研究、颠覆性技术研究、关键共性技术研究等前沿领域研究的高等院校和专业化科研机构的财政资金支持力度;要全面激活企业在基础研究领域中的主体地位,率先全面放开和鼓励企业作为主体承担单位以及企业和专业化科研机构联合申请国家各种重大科技计划项目、国家重点实验室、国家自然基金委项目,通过这些项目的实施来激活和坐实各种国家实验室、国家重点实验室、国家工程研究中心、工业技术研究基地等;要优先在首都地区构建真正与专业化科学研究和科技前沿自由探索体制相匹配的科技管理治理制度,打造真正与专业化科学研究和科技前沿自由探索体制相匹配的财务报销制度,设计出真正与专业化科学研究和科技前沿自由探索体制相适宜的人才薪酬激励机制;要将国家政府机构已经出台的各种科技管理制度精神的落实和细化作为当前首都乃至京津冀区域内的一体化科技创新体制改革重点任务。

第三，积极利用首都北京打造全球"硬科技"中心的战略机会，在北京南部区域产业带和京津冀协同产业带全面布局与"硬科技"紧密相关的创新链、供应链和产业链中的高端制造业产业体系，切实落实首都北京在"十四五"规划期间制定的将高端制造业增加值占 GDP 的比重逐步提高到 15% 以上的既定目标，真正实现以产业链合作推动京津冀协同发展的国家战略。

北京南部区域产业带已经具备了布局和发展高端制造业的诸多优势和基础条件。而且，在北京新一轮服务业扩大开放综合试点和国家服务业扩大开放综合示范区的全面促进作用下，北京南部区域产业带恰好可以对接和承接首都北京优先发展全球"硬科技"中心所释放出的战略性新兴产业、高端生产装备制造业、智能制造业、关键零配件和关键材料产业等方面的发展机会，将之作为完成北京制定的将制造业增加值占 GDP 的比重逐步提高到 15% 以上的既定目标的重要途径和核心抓手。

客观事实是，阻碍京津冀协同发展格局持续提升的关键和要害就在于首都北京高端制造业产业链体系的发展能力不足，导致河北和天津地区无法与北京形成以产业链、供应链和创新链为主导的国内产业循环体系。而首都北京优先发展全球"硬科技"中心以及加快布局相关产业链战略的实施，恰好是打破制约京津冀协同发展这个关键僵局的重要突破口。为此，北京南部区域产业带必须着眼于进一步扩大和提升京津冀协同发展产业带，构建以北京为主导的、天津和河北部分与北京接壤区域全面配合的京津冀协同发展产业带。

第四，率先发展以"耐心资本"（patient capital）为主要特征的新型金融体系、特色政府产业基金和多样化资本市场，打造首都北京特色的"耐心资本"金融中心，将之作为今后一段时期内塑造和提升首都优势和首都特色的现代化金融体系的核心目标。"耐心资本"是长期投资资本的另一种说法，泛指对风险有较高承受力且对资本回报有着较长期限展望的各种金融资金以及与之相匹配的现代金融机构和体系。客观事实是，金融业虽然是首都北京的支柱产业，北京的各种私募基金业也相当活跃，但是，首都北京金融体系的关键弱点仍然在于远远没有形成与全球有影响力的科技创新中心、全球"硬科技"中心和高端制造业体系发展目标相匹配的现代化金融机构和多层次资本市场。以"耐心资本"为主要特征的新型金融体系、特色政府产业基金和多样化资本市场，不仅决定着首都北京能否优先发展全球"硬科技"中心和加快布局相关产业链，也从根本上决定着首都北京现代化金融体系今后一段时期内的改革和发展方向。因此，在"十四五"期间，必须将发展以与打造全球"硬科技"中心目标相适宜、相匹配的"耐心资本"为主要特征的新型金融体系、特色政府产业基金和多样化资本市场，设定为首都北京金融体系和金融体制的总体改革目标。

首都北京在"十四五"期间促进高端制造业增加值占 GDP 的比重提升的重大价值、实施途径与具体对策

　　在"十四五"期间，有效促进高端制造业增加值占 GDP 的比重提升，已经成为北京能够完美实现减量发展战略的核心支撑之一。我们以"'十四五'期间如何发展北京高端制造业体系"为题密集式地实地访谈了大兴、顺义、北京城市副中心和北京经济开发区等地区以及北京经信局和北京财经委等部门的政府相关主管人员。在多轮的座谈交流中，我们发现的一个重要问题是，北京市各地区和各部门针对北京在"十四五"期间促进高端制造业增加值占 GDP 的比重提升的发展目标存在各种形式的疑惑、质疑甚至抵触情绪，主要表现在：一是认为目前正在讨论的 15％目标过高，在"十四五"期间难以完成；二是认为北京不适合发展制造业，应该仍然坚持既有的第三产业部门增加值占 GDP 的 83.5％这个合理目标；三是认为北京的金融业，信息传输、软件和信息技术服务业，以及科学研究和技术服务业等主导服务产业仍然存在显著增长空间，北京第三产业增加值占 GDP 的比重仍然会继续提升。

　　针对从实际调研活动中所感知到的这些主要观点，必须加以科学的分析和证明，从而科学决策北京在"十四五"期间乃至 2035 年远景期间高端制造业增加值占 GDP 的比重的科学合理范围，进而凝聚共识，坚定信心，践行伟大社会主义国家伟大首都的最高发展价值和发展要义。

一、 高度认识北京促进高端制造业增加值占 GDP 的比重提升的极端重要性

第一，它是北京在 2020—2035 年期间能否实现 GDP 翻一番目标的决定性手段。从党的十九大到党的二十大，是中国"两个一百年"奋斗目标的历史交汇期。党的十九大明确指出，2021—2035 年，在全面建成小康社会的基础上，再奋斗 15 年，基本实现社会主义现代化。这个基本实现社会主义现代化的发展目标落实到经济高质量发展的层面，就是要在 2021—2035 年这 15 年期间，中国 GDP 规模必须再实现翻一番的目标，从而使得 2035 年中国的人均 GDP 达到 2 万美元以上。将此发展任务落实到首都北京层面，就是在既有法定人口规模红线约束下，到 2035 年北京 GDP 规模要达到 8 万亿元人民币左右，人均 GDP 和人均可支配收入分别要达到 33 万元和 14 万元左右，才能深刻体现伟大社会主义国家伟大首都的新时代发展要义。

然而，要全面实现这个发展目标，值得高度警醒的是，北京既有的产业结构特征已经难以为继，几乎不可能再有效支撑今后的北京 GDP 翻番目标。2019 年在北京 35 371.3 亿元的 GDP 规模中，三次产业结构比为 0.3∶16.2∶83.5。仅仅金融业，信息传输、软件和信息技术服务

业，以及科学研究和技术服务业这三大服务业产业增加值就占 GDP 的 42% 以上，而 2019 年北京制造业增加值占 GDP 的比重仅为 10% 左右。对比来看，2019 年美国制造业占 GDP 的比重约为 11.4%，而上海制造业占 GDP 的比重约为 23.25%，其中，战略性新兴产业增加值占 GDP 的比重达到 7.10%，上海基本实现了在"十三五"末制造业增加值占 GDP 的比重达到 25% 的既定目标。因此，无论是与发达国家还是国内特大城市相比，北京已经出现了高端制造业增加值占 GDP 的比重过低的现象。最为重要的问题是，在北京金融业以及信息传输、软件和信息技术服务业这两大服务产业增长能力逐步遇到"天花板"效应，而科学研究和技术服务业增长难以抵消其增长缺口的情形下，再去依靠这三大服务业产业实现在 2035 年北京 GDP 翻一番的目标已经几乎没有可能性，只能依靠高端制造业的快速扩张来弥补既有的 GDP 增长缺口。需要额外关注的是，针对北京而言，到 2035 年不是说金融业，信息传输、软件和信息技术服务业，以及科学研究和技术服务业等服务业产业规模不会扩张，而是会继续保持相对较为低速的扩张态势，因此，由此就必然会造成第三产业增加值占 GDP 的比重持续下滑的现象。

第二，它是决定北京能否在中央部署的"双循环"新发展格局中处于核心地位的必然途径。虽然在 2019 年北京数字经济占 GDP 的比重超过 50%，位居全国首位，但是，这不意味着金融业，信息传输、软件和信息技术服务业，以及科学研究和技术服务业等主导的数字经济可以成为支撑北京在"双循环"新发展格局中处于核心地位的主导产业。这是因为，一方面，当前制约中国产业基础能力和产业链现代化水平的仍然是"卡脖子"式的关键核心技术创新能否实现重大突破的问题，特别表现在"硬科技"自主能力培育和提升方面，而非仅仅体现在以数字经济为主的"软科技"自主能力方面。因此，北京要在中央部署的"双循环"新发展格局中居于核心地位，只能在制约中国形成自主可控、自立自强的国内产业链循环体系方面的"卡脖子"式的关键核心技术创新方面，率先实现全面突破和切入。另一方面，"卡脖子"式的关键核心技术创新中的"硬科技"领域的全面自主突破自然而然可以释放出巨量的全球领先的高端制造业发展机会，这就为北京发展高端制造业体系提供了独一无二的战略机会。这些在关键生产装备、关键零配件、关键材料等领域衍生出来的高端制造业产业产品机会，能够使得北京成为将维护当前和未来重点高科技产业和战略性新兴产业体系中产业链、产品链的发展安全权牢牢掌握在中国自己手中的捍卫者，促使北京成为主动利用创新链和产业链相互融合发展来推动国内产业链大循环体系形成的核心推动者，也可以使北京在掌握了"卡脖子"式的关键核心技术创新中的"硬科技"领域的关键生产装备、关键零配件、关键材料等方面的创新研发和生产制造能力之后，进一步影响中国的国内国际双循环体系的形成，使得北京成为全球关键生产装备、关键零配件、关键材料等高端产品的出口基地，成为推进《区域全面经济伙伴关系协定》（RECP）和"一带一路"产业链体系国际合作的策源地。

第三，它是决定北京能否强化全球有影响力的科技创新中心战略定位的核心布局。当前，中央明确布局打造三个全球有影响力的科技创新中心，分别是北京、上海和粤港澳大湾区。依据我们对这三个城市区域各自优势和劣势的综合分析，我们担心的是北京在诸多关键发展指标方面已经落后于上海和粤港澳大湾区。一方面，与上海相比，北京虽然在科研机构和高等院校数量和质量方面领先，但是，2020年上海的 GDP 规模和人均可支配收入已经超过北京，而且，上海一旦超过北京，与北京的差距就会持续拉大，必然对北京的科技创新中心形成巨大的直接竞争效应。另一方面，与粤港澳大湾区相比，虽然北京在科研机构和高等院校数量和质量方面领先，但是很显然，在市场经济制度活力、创新创业活力、创新成果产业转化能力、民营企业和外资企业数量、完整的产业链制造体系、区域 GDP 规模总量等核心方面，北京已经全方位落后于粤港澳大湾区。

　　最为关键的是，一旦上海和粤港澳大湾区加速形成中国乃至全球的高科技产业和战略性新兴产业中高端制造业体系的中心，就必然会逐步引导上海和粤港澳大湾区在基础研究、原始创新、应用基础研究、关键核心技术创新等领域逐步形成区域中心乃至全球中心，这就必然会对北京打造全球有影响力的科技创新中心战略定位形成全方位的挑战和替代效应。粤港澳大湾区近年来在大学和科研机构方面的快速集聚能力实质上已经说明了这种苗头和趋势的必然性。因此，在"十四五"期间，倘若北京还没有高度认识到来自上海、粤港澳大湾区的这些极为重要的发展竞争和重大挑战对发展当前和未来高科技产业和战略性新兴产业中的高端制造业的极端重要性，采取表面重视实质轻视的态度，或者采取集体式鸵鸟心态，或者存在认识高度不够问题，必然会使得北京在全球新一轮科技革命和产业变革的国家和地区的残酷竞争和替代格局中，错失

30 年难有之颠覆性的重大发展战略机会，导致首都北京经济内生增长动力全面弱化。更要注重的基本科学规律是，没有高端制造业体系的支撑，一个区域的基础研究、应用基础研究等方面的综合优势也会不可避免地随着全球科技创新竞争的日益激烈而发生逐步弱化现象。

第四，它是决定北京能否在实施减量发展和落实京津冀协同发展重大战略中取得实际成效的重要检验手段。北京实施以减量发展为主要牵引力的独特发展模式，根本目的是更好地落实中央赋予首都北京创新引领发展和首都特色的高质量发展任务。而且，首都北京还承担着引领和推动京津冀协同发展的国家重大战略任务。无论是从近期北京自身的关键宏观经济形势指标来看，还是从京津冀三地的关键宏观经济形势指标来看，至少从目前来看，减量发展诱发和激发了北京既有的经济结构和产业结构中一系列关键短板问题的暴露，而京津冀协同发展战略在最为关键的区域产业链协同发展方面的进展也不太令人满意，成为阻碍京津冀区域实现"抱团式"经济高质量发展的最大短板。北京市最高决策层蔡奇书记和陈吉宁市长多次强调，北京实施减量发展的目的不是排斥制造业，而是要构建符合首都特殊定位的高精尖产业体系，在适宜区域发展与首都战略定位相匹配、相适宜的高精尖制造业体系。

更为重要的是，经过我们近期对京津冀协同发展战略落实效果的多次实地调研和深入思考，当前，在中央部署的"双循环"新发展格局的指引下，激活京津冀协同发展的关键钥匙仍然在于构建以制造业为主的产业链区域性协同体系。实际上，导致京津冀近年来经济增长动力下滑的关键因素均在于三地的制造业发展能力不足，因此，要破解京津冀三地经济质量发展和协同发展的动力能力不足的难题，就必须认清高端制造业体系发展不足这个"牛鼻子"问题。当前，依靠天津和河北自身积累的产业基础、创新优势和营商环境等综合优势，并不具备单独对抗长三角经济圈、珠三角经济圈的绝对领先式综合优势，甚至与成渝经济圈相比也不具备整体优势，因此，必须抱团组团构建和发展高端制造业体系，这样才有可能具备对抗长三角经济圈、珠三角经济圈、成渝经济圈的独特优势。而且，千万不要高估北京产业体系特别是制造业体系的外溢和辐射能力，也不能高估北京对天津和河北产业的带动作用，由于京津冀区域相对太过幅员辽阔，不同地区间的政府能力、市场制度和营商环境成本环境落差相对太大，并且北京发展高端制造业体系的辐射能力相对有限，最优的策略是围绕北京的南部区域以及 50 公里半径内的天津和河北的邻近区域布局，专心打造组合发展高端制造业体系的"京津冀产业发展带"。

二、 促进北京高端制造业增加值占 GDP 的比重提升的突出困难与实施途径

第一，如何确定今后一段时期内北京高端制造业增加值占 GDP 的比重目标？事实上，上海地区的政府先知先觉，在 2016 年就开始高度认识到高端制造业体系发展能力的不足和缺位对上海经济可持续增长造成了突出的阻碍作用。2016 年上海出台了《上海市制造业转型升级"十三五"规划》，将"十三五"规划期末即 2020 年上海城市地区高端

制造业增加值占 GDP 的比重目标设定为 25％，与制造业紧密相关的生产性服务业增加值占 GDP 的比重达到 35％，工业园区单位土地产值（已供应工业用地）达到 75 亿元/平方公里。即便受到 2020 年的全球新冠疫情冲击，上海地区也已经接近完成了高端制造业增加值占 GDP 的 25％的设定目标，而且，上海地区高端制造业在全球新冠疫情巨大冲击后表现出全面领先的恢复能力。事实上，在"十三五"期间，上海高端制造业增加值占 GDP 的比重提高了将近 5 个百分点，基于上海市的发展经验，将"十四五"期间北京高端制造业增加值占 GDP 的比重提高 5 个百分点也是完全合理且力所能及的目标。到 2035 年年末，可以考虑将北京高端制造业增加值占 GDP 的比重稳定在 20％左右。

第二，如何针对高精尖制造业抓重大项目？当前，北京各级政府和各园区最为困扰的问题是：如何招商引资高科技产业和战略性新兴产业中的高端制造业项目？要在"十四五"期末将北京制造业增加值占 GDP 的比重逐步提升到 15％，意味着制造业部门在 2020 年的基础上，到 2025 年要额外创造 4 000 亿元左右的增加值。当然，在"十四五"期间，制造业增加值占 GDP 的比重每年会提升 1 个百分点，意味着每年要在制造业部门增加 1 000 亿元左右的增加值。这似乎给北京市各级政府部门和各园区带来了巨大的压力和挑战。然而，如果科学认识和把握高科技产业和战略性新兴产业中制造业部门的发展特征，就应该具有足够的发展信心。科技产业和战略性新兴产业中的制造业部门对 GDP 的贡献可以归为三个方面：一是前期巨额固定资产投资；二是生产制造产品的附加值；三是企业持续研发投入额。比如，京东方（BOE）2018 年在武汉投资的 10.5

代线项目，总投资就高达 460 亿元人民币。此后该项目进入产品生产阶段所释放的工业产品增加值也高达至少每年 100 亿元。因此，从这个典型的案例来看，北京在"十四五"期间只要招商引资 10 个左右这样的制造业项目，或者招商引资 5 个左右这样的制造业项目和 30 个 50 亿元左右的制造业项目（这样的项目机会很多），就完全可以实现 2025 年年末将北京制造业增加值占 GDP 的比重提高到 15% 的设定目标。如果考虑到这些高端制造业项目带来的配套项目，提升制造业增加值比重的任务就更容易实现。

　　第三，如何在北京地区内抓高精尖制造业项目的区域布局？经过我们对北京各区域发展定位和发展条件的归纳分析，一个非常突出的问题是，首都北京各区的经济发展水平和 GDP 体量完全处于不同层次，海淀、朝阳和西城这三个区的经济规模类似中国地级城市地区的经济体量规模，2019 年三者的 GDP 规模大体处于中国地级城市地区第 25～45 名之间的名次。但是，大兴（剔除北京经济技术开发区，907.6 亿元）、顺义（1 992.9 亿元）、丰台（1 829.6 亿元）、昌平（1 071.8 亿元）、通州（1 059.2 亿元）这几个城市发展区的经济体量总体上处于中国县级或县级市的发展水平，2019 年这五者的 GDP 规模大体处于中国百强县的第 20～60 名之间的名次。在北京三环之内地区逐步设定为国家政务区的前提下，发展高端制造业的产业分布区域，只能集聚于两大产业带，即海淀—昌平的北部产业带和大兴—丰台—顺义—通州的南部产业带。而海淀—昌平的北部产业带已经集聚了全国领先的信息和数字产业和企业，因此，发展高端制造业只能布局在大兴—丰台—顺义—通州的南部产业带。这就带来了多个方面的好处，一是该产业带与国家政务区距离较远，不会产生任何"大城市病"式的干扰效应。而且，如果北京南部区域产业发展起来的话，有利于人口向南部区域的分散和迁移，本质上有利于缓解和消除北京三环之内国家政务区的各种要素资源密集压力。二是这四个区均与天津、河北接壤或邻近，容易与天津和河北构建"京津冀产业发展带"，而且，工业用地和产业人口可以向天津和河北布局和集聚，完全可以减少和避免北京土地和人口红线压力。三是这四个区目前的产业园区工业用地资源相对充足，完全可以承载未来的高端制造业项目。

第四，如何构建发展高端制造业迫切需要的成本降低型营商环境？我们的实地调研发现，导致北京在招商引资高端制造业大项目方面的竞争优势整体低于上海、深圳、南京、武汉等地区的主要原因在于：一是工业用地成本相对较高；二是技术工人、工程师和研发人员的住房成本较高；三是经常性地停工停产任务导致企业不能正常连续生产；四是产业链的配套能力严重不足，高端制造业的协同发展能力不足，加大了企业对关键零配件、关键材料的采购难度和成本；五是部分工业园区的基础配套设施严重不足。因此，对于作为京津冀产业发展带一部分的北京的大兴—丰台—顺义—通州南部产业带而言，在将之定位为发展北京高端制造业的产业带的前提下，今后一段时期内如何从顶层设计角度来推进这些地区培育和发展与高端制造业相匹配的营商环境，降低发展高端制造业体系的综合成本，必然是"十四五"期间这些地区的重点改革突破口。尤为需要注意的是，虽然北京的营商环境总体排在全国前列，但是，这并不意味着北京的局部区域营商环境也是全国甚至全球一流的，大兴—丰台—顺义—通州主导的南部产业带的营商环境与北京核心城区相比存在巨大落差。更为值得重视的是，北京营商环境的领先优势主要体现在激发创新能力方面，较少体现在发展高端制造业方面。因此，切不可高估和误判北京的营商环境优势，应主动有差别地设计北京不同区域营商环境优势的差异性，既要在核心城区强化创新导向的营商环境，也要在大兴—丰台—顺义—通州主导的南部产业带培育和发展高端制造业导向的营商环境，创新导向的营商环境和发展高端制造业导向的营商环境存在显著差异性，二者切不可混为一谈。

三、 促进北京高端制造业增加值占 GDP 的比重提升的具体政策举措

第一，北京提升高端制造业增加值占 GDP 的比重的"两步走"战略。我们认为，针对北京的现实发展条件以及 2035 年远景发展任务而言，特别是在国家"十四五"规划纲要中"保持制造业比重基本稳定""巩固壮大实体经济根基"基本原则的指引下，可以考虑将提升和壮大北京高端制造业的任务区分为两个阶段：第一阶段是在 2021—2025 年的"十四五"期间，将北京高端制造业增加值占 GDP 的比重逐年提高到 15％左右；第二阶段是到 2035 年年末，将北京高端制造业增加值占 GDP 的比重逐年提高到 20％左右，并且稳定在 20％左右。在 2035 年

将北京高端制造业增加值占 GDP 的比重稳定在 20％左右，既可以维持
和强化北京的基础研究、应用基础研究、原始创新和关键核心技术创新
方面的自主能力领先优势，也可以增强北京经济高质量发展的内生增长
动力，增大北京经济应对未来各种突发事件的自主应对能力，更可以为
北京未来的税收税源开拓和稳定提供坚强后盾。

　　第二，制定真正适合北京发展的高端制造业的关键产业链方向。客
观来说，2018 年北京制定的十大高精尖产业的发展范围太过宽泛，既
未充分考虑北京的核心竞争优势所在，也没有重点考虑北京发展环境和
要素禀赋的限制和约束，更未体现从产业链体系来布局的前瞻性战略思
维，而是触犯了"什么都想要、什么都不强、什么都不行"的基本发展
思维错误。我们认为，今后北京的高精尖制造业应该优先定位于五代
和六代新一代信息技术、量子信息技术所需要的集成电路全产业链，
以及新能源、新材料汇集的新能源汽车全产业链这两个方面，集中所
有基础研究、应用基础研究和工程化研究等方面的综合力量，针对其
中的"卡脖子"式的关键核心技术创新领域的"硬科技"和"软科
技"协同体系全面构筑全球领先优势，打造从基础研究到产业化的全
创新链、全产业链的一体化贯通体系。

　　第三，明确将加快打造大兴—丰台—顺义—通州南部产业带及京津
冀产业发展带作为发展北京高端制造业的核心载体。一方面，在"十四
五"期间，高度重视和推进大兴—丰台—顺义—通州南部产业带的战略
定位和全面建设，将之明确定位为北京今后发展高科技产业和战略性新
兴产业中的高精尖制造业产业链的主阵地，而将海淀—昌平的北部产业

带定位为发展新一代信息技术、数字经济、数字贸易的主阵地，从而从产业链、世界级先进制造业集群的角度重新考虑北京高精尖产业发展的两大产业带定位，形成各有差异、相互支撑的全产业链体系的新发展格局。另一方面，主动利用大兴—丰台—顺义—通州南部产业带来推动京津冀产业发展带的战略布局，将之作为"十四五"期间推进京津冀协同发展的核心抓手。客观事实是，当前北京并不具备在较大范围内辐射、牵引和拉动京津冀较大区域内产业发展和经济发展的实力，因此，本着实事求是的务实发展态度，目前落实京津冀协同发展的可行任务就是在大兴—丰台—顺义—通州南部产业带周边邻近 50 公里的天津和河北地区，构建为北京高端制造业体系配套服务的协同发展经济区，可以将之设定为在北京就业的人员生活居住和孩子教育的承载地，以及一般制造业的配套基地。为此，要设计环北京区域的特殊户籍制度，比如，打通北京与北三县的完全户籍隔离制度，专门设计环北京的户籍管理制度，赋予这些居民在北京生活居住的有限制性的特定权利，增强北京对各类技工、工程师和研发人员的吸引力和服务能力。